Eckersdorf
Wartha
GLATZ
Hannsdf.
Kunzendorf
LANDECK
Seitenberg
ELSCHWERDT
Wilhelmsthal
Plomnitz
Langenau
Ebersdorf
TTELWALDE

Richard Wolf

Der Vater und die Weltkarte

Ein Band der Reihe
KONSTANZER GROSSDRUCK-BIBLIOTHEK,
herausgegeben von Wolfgang Bernsdorf

Richard Wolf

Der Vater und die Weltkarte

Daheim im alten Schlesien

Für Gudrun [illegible]

Richard Wolf

Friedrich Bahn Verlag Konstanz

Umschlagbild: Herm. F. Schäfer.
Die Karte im Vorsatz wurde mit freundlicher Genehmigung
des Verlages Grafschafter Bote, Lüdenscheid,
dem „Grafschafter Kalender" entnommen.

CIP-Kurztitelaufnahme der Deutschen Bibliothek

Wolf, Richard:
Der Vater und die Weltkarte
Daheim im alten Schlesien/
Richard Wolf. – 1. Aufl. – Konstanz: Bahn, 1986.
(Konstanzer Großdruck-Bibliothek)
ISBN 3-7621-1708-X

1. Auflage 1986

Satz und Druck: MZ-Verlagsdruckerei, Memmingen
Bindearbeiten: Walter Verlag, Heitersheim
Printed in Germany
ISBN 3-7621-1708-X

Inhalt

Da hast du's bei uns besser 7
Die Abziehbilder 15
Die Besteigung eines Schlotes 21
Der Knoblauch 29
Ohne aus der Tür zu gehen … 35
Die Kohle 41
Sonne, Mond und Sterne 49
Das Grammophon 56
Die Freunde 66
Die Hobelbank 87
Auf der Johannesbrücke 96
Die runden Lindenbäume 103
Nachwort des Verfassers 109

Da hast du's bei uns besser

Den Vater zum Abendbrot holen, das war das Beste vom ganzen Tage. Ich klappte das Bilderbuch zu. Ich ließ den eben erbauten Turm allein. Ich rannte die Treppe hinunter, in den Garten.

Es war Sommer. Die Linden dufteten. Der Vater war bei den Bienen. Ich pirschte durch die Erdbeerbeete. Es konnte immer noch ein paar Beeren geben, die die Mutter übersehen hatte. Durchs Pförtchen schlüpfte ich hinaus auf die Wiese. Dort, bei den Jelängerjelieberbüschen stand das Bienenhaus. Noch sumselte es in manchen Blumenkelchen. Es traf mich der Duft, der süße Sommerduft. Dann sah ich den Vater.

Er hielt ein neues Wabenrähmchen in der Hand, von ihm zusammengefügt. Von ihm erbaut das ganze Bienenhaus. Sein Blick war still, ein Feierabendblick, der Mund, bei meiner dringlichen Nachricht, lächelte. Gut, sagte er, das Abendessen. Er sammelte das Werkzeug, schaffte alles ins Bienenhaus, schloß die Tür, zögernd, als müsse noch etwas getan werden, wandte sich endlich mir

und dem Garten zu. Am Beet neben der Regentonne bückte er sich und zog ein paar Radieschen aus der Erde. Die liegengebliebene Unkrautharke nahm er auf. „Trag sie in den Schuppen!" Dann gingen wir ins Haus.
Im Winter war es nicht so leicht, den Vater zu finden, und nicht immer war er gleich bereit, meiner Einladung zu folgen. Ich wandte mich, nachdem ich die Treppe hinter mir hatte, in den langen Flur, der ins ‚Werk' hinüberführte. Dort, Wand an Wand mit dem Elternhaus, standen die haushohen Lokomobilen, die unsere Stadt mit Strom versorgten. Hatte ich den Vorraum betreten, der schon vom Getöse der Schwungräder, der knatternden Treibriemen und dem Gezisch des Dampfes erfüllt war, dann spähte ich erst zu der gegenüberliegenden Tür hinüber, hinter der das Arbeitszimmer des Vaters lag. Auf den Zehen schlich ich heran, reckte mich zum Schlüsselloch hinauf. Sah ich Licht, dann klopfte ich leise an und wartete. Hinter der Tür sagte es „Herein!" Und jetzt stand ich vorm Vater. Er saß am Schreibtisch, über Papiere gebeugt, das Gesicht beschienen von der Lampe. „Mach die Tür zu", sagte er, ohne den Kopf zu heben. Eingehüllt in die Stille des Zimmers, in die es

von drüben herübersummte, ein hohler Ton, im selben Raum mit dem Vater, mit dem Duft seiner Zigarre, dem trocknen Duft der Bücher, in diesem einsamen, unbewegten Schweigen zu stehen, von dem aber alles ausging, was sich ringsherum bewegte und wieder zur Ruhe kam, zum freundlichen Licht in den Stuben unserer Stadt, das war wie Verzauberung.

Ich wartete, schlich dann in den Erker hinüber, wo ein zweiter Schreibtisch stand. Auf ihm lagen gewöhnlich der Rechenschieber und ein paar zerlegte, elektrische Geräte. Im halben Licht betrachtete ich sie, blickte auch zum Vater hin, über dessen Kopf der bläuliche Zigarrenrauch stand.

Ich wußte, die Mutter wartete, doch wagte ich nicht, den Lesenden aus seiner Arbeit abzurufen. Es mußte gewartet sein. Und diese Spannung, die Stille, das Dunkel, das mich umgab und drüber, im Hellen, des Vaters Kopf, diese alle hoben jene Minuten über das Gewohnte hinaus.

Fand ich die Tür in dieses Heiligtum verschlossen, dann mußte der Vater bei den Maschinen gesucht werden. Nicht ohne Mühe öffnete ich das schwere Tor zur Halle, duckte mich unterm Getöse und stand jetzt, ein Zwerg, neben den schnaubenden, mit allen Gliedern zuckenden Lokomobilen. Taub vom Lärm, wie untergegangen, starrte ich eine Weile auf den Heizer Lorenz, der mit Schaufel und Karre spektakelte, die Kesseltüren aufriß und die Ungeheuer speiste, während der Feuerschein rot wie Blut über seine Hände tanzte.

Dann erblickte ich weit hinten an der Schaltwand den Vater. Ich mußte jetzt den schmalen Gang zwischen der Hallenwand und dem Schwungrad der ersten Lokomobile durchschreiten. Heißer Wind fegte über mein Haar, über und neben mir knatterte der Treibriemen, der die Drehung des Rades auf den Dynamo übertrug. Den Blick auf den Vater gerichtet, wanderte ich durch Wind und Donner und vorüber an dem Dynamo, der unter hohem, vibrierendem Gesang bläuliche Funken springen ließ.

Jetzt stand ich neben dem Vater. Abermals durfte er nicht gestört werden. Mit ihm blickte ich auf die vielen runden Fenster in der Schaltwand, hinter denen wie in Ungeduld die schwarzen Zeiger zuckten. Der Vater griff hierhin und dorthin, ließ einen Hebel über metallene Knöpfe laufen, und die Zeiger taten einen Satz. Immer wieder zuck-

ten sie vor und zurück, vom Vater magisch gelenkt. Für mich waren diese Uhren lebende Wesen. Alles war hier lebendig. Auch die Dampfmaschinen begriff ich als Überwesen, die von mittags bis Mitternacht schufteten, dann aber entschlummerten und am nächsten Morgen mit Putzlappen und Öl gepflegt werden mußten.
Ich zupfte den Vater am Ärmel. Er tat, als bemerke er mich erst jetzt. Hielt die Augen weiter auf die unruhigen Zeiger gerichtet. Herr Kolbe, der Maschinist, löste ihn endlich ab. Jetzt erst wurde ich bei der Hand genommen und in die ‚Batterie' geführt. Das war ein gespenstischer, todhauchender Raum. In etwa hundert, mit Schwefelsäure gefüllten Wannen hingen die ‚Elemente'. Zwischen diesen Platten aus Blei war ein leises Knistern zu hören, und während ich in der strengen Luft nur mühsam atmete, schritten wir zwischen den Wannen hin, sahen Bläschen aufsteigen und spürten die Ströme von Kräften, die sich hier begegneten, durchdrangen und unbegreiflich verwandelten. „Wehe uns!" sagte der Vater, „wenn hier ein Streichholz angezündet würde!"
„Das alles", sagte der Vater noch, „das Toben der Maschinen, auch der leise sirrende

Ton, den die Dynamos von sich geben, aber auch das Ticken und Zirpen in der Batterie, alles wird zu Licht."

Unter diesem Licht, unter der Hängelampe, saßen wir endlich. Hier war alles still und vertraut. Die Mutter sprach leise. Der Vater hatte die Zeitung vorgenommen. Mariechen und Lene, die Schwestern, deckten den Tisch. Wir aßen Abendbrot, Kartoffeln mit Specksoße, und tranken Lindenblütentee. Den hatten die Bäume vor unserm Garten gespendet.

War der Tisch leer, suchte sich im Wohnzimmer jeder seinen Platz, der Vater unter der Uhr, die Mutter im Lehnstuhl, wir drei Kinder auf dem Sofa. Oft lag auf den Knien der Mutter die Schiefertafel, auf der sie einen Brief an die Schwester im Erzgebirge entwarf. Lenchen häkelte. Wir andern lasen, der Vater im Sven Hedin, Mariechen einen Marlitt-Roman. Ich selber, zwischen den Schwestern, befand mich auf der „Reise um die Erde in achtzig Tagen".

Wenn die Helligkeit in der Stube um ein Geringes schwankte, blickte der Vater auf und wartete, bis sich die Unruhe in der Lampe gelegt hatte. Manchmal stand er dann rasch auf und ging hinüber ins ‚Werk'. Wir wußten, daß er dann an die Schaltwand trat und die Spannung regulierte, den ‚Strom'. Was mochte das bedeuten? Wir selber waren oft genug gespannt. Niemand regulierte uns. Aber der ‚Strom'? Ein Rätselwort. War es nicht der Name der großen Flüsse? Kein Wasser wie unsere Biele, nicht fließend, von Forellen belebt, sondern strömend.

Es war nicht immer so. Manchmal, wenn die Mutter statt der Schiefertafel den Nähkorb hervorgeholt hatte, sagte sie: „Erzähl' was, Vater!"

Erzählen hören, dieses Ur-Bedürfnis, wie es einer genannt hat, das ist mehr als Lesen. Es gibt nichts Besseres, auch wenn es uns manchmal betrübt. Was der Vater erzählte, seine Kindheit in Altheide, die Sommer als Schafhirte bei einem fremden Bauern im Adlergebirge, seine Wanderschaften als Schlossergeselle, gen Süden und Westen bis ins ferne Metz, wo er Soldat werden mußte, das alles betrübte uns, doch durften wir oft auch lachen.

Was wäre der Erzähler ohne den, der zuhört! Das Zuhören habe ich damals von Grund auf gelernt, das Stillsein und das Offensein. Das Sich-selbst-vergessen. Die allzuvielen Bilder, die jetzt Abend für Abend in unsere Stuben hineingestrahlt werden, zeigen uns das eine nicht: das Gesicht des Verfassers, seine Augen, seinen Mund. Das heimliche Spiel seiner Hände.

Und einmal, als der Vater wieder schwieg und die Brille aufsetzte, sagte Lenchen: „Gell, da hast du's bei uns besser."

Die Abziehbilder

Wie hatte er es denn, wie war es ihm ergangen, als er noch nicht bei uns war? Als es die Mutter und uns noch gar nicht gab, auch nicht die Stube in der wir jetzt saßen, und auch das städtische Elektrizitätswerk nicht, dessen Oberhaupt der Vater jetzt war.
Was er aus jener Zeit heraufholte, der Kindheit und den Jahren danach, nicht im Zusammenhang, nicht ein in Schönschrift geschriebener Lebenslauf, nur Augenblicke, nur Zustände und Begegnungen, einmal daheim, dann in der Fremde — , von allem ist mir vieles entglitten, denn ich war noch ein Kind und lebte in den Tag hinein. Mutter und Schwestern haben es besser bewahrt und mir immer wieder neu erzählt. So kann ich heute jene Zeit, in der unser Vater so alt war wie wir, aus vielen Bildern zusammensetzen zu einem Vaterbild, das mir jetzt vor der Seele steht, ein ernstes, aber nicht strenges Bild. Es ist an der Zeit, diesen Dank abzutragen; denn in einer der letzten Nächte habe ich den Vater im Traum gesehen und seine Hand berührt.

Er ging noch nicht zur Schule, da hatten sie schon keine Mutter mehr, die vier Brüder und ihre Schwester. Der Älteste, unser Onkel Alfred, war bereits Lehrbub in der Schlosserei des Vaters. Die Schwester, noch ein Kind, mußte die Mutter vertreten. Sie kochte und wusch die schmutzige Schlosserwäsche. Bevor sie einkaufen ging, mußte sie dem Vater jeden Groschen abringen. Der Großvater Wolf, der Vater des Vaters, den ich nie gesehen habe, hat den frühen Tod seiner Frau, einer Kantorstochter aus der Nachbarschaft, nicht verwinden können. Er ist hart und reizbar geworden. Die Kinder fürchteten ihn. Unversehens schlug er zu. Wenn die Buben abends nicht satt geworden waren, schlichen sie zu später Stunde hinaus ans Wasser, fingen mit der Hand Forellen und Krebse und kochten sie überm Reisigfeuer. Das war nicht erlaubt; aber die Nacht ist schweigsam.

Im Herbst, wenn es früh dunkel wird, saßen sie in der Küche und strickten Strümpfe. Die Schwester hatte es ihnen beigebracht. Sie versorgte auch den Kienspan, der neben dem Herd in einer Ritze steckte. Sein Licht war unruhig, und rasch verzehrte es sich selbst.

Ich sehe es noch, wie die Mutter oft mit ihrer Arbeit einhielt und den Vater anblickte, während er erzählte. Auch sie war nicht im Überfluß aufgewachsen; aber Vater und Mutter, selbst der erzgebirgische Großvater mit dem siebenten Sinn, der Geisterseher, die lebten noch. Wir drei auf dem Sofa, auch wir ließen kein Auge vom Erzähler, der weder sich noch die Geschwister beklagte, auch nicht bedauert werden wollte. Die Brille hatte er abgelegt und blickte mit seinen grauen Augen geradeaus in die Tage und Nächte von damals.

Er hatte jetzt den letzten Satz gesagt und nahm die Brille auf. Las weiter Sven Hedin.

Als der Bruder Alfred, der Älteste, ausgelernt hatte, suchte er sich einen andern Meister. Hermann mit der schönen Schrift wurde Schreiber in einer Habelschwerdter Zündholzfabrik. Eduard, der gewöhnlich Edeward genannt wurde, lief dem Vater nach der Lehre davon, so auch, ein Jahr später, unser Vater. Sie waren der harten Hand nicht gewachsen. Edeward hatte jetzt, nach abenteuerlicher Wanderung durch diesen und einen andern Erdteil, in Altwaltersdorf, nicht weit von Habelschwerdt, eine Schmie-

de. Seine Frau, die Martha, war meine Patentante. Alle vier Brüder, nachdem sie sich draußen umgesehen hatten, waren in die Grafschaft heimgekehrt, waren aus eigner Kraft etwas geworden, hatten ein gutes Auskommen, hatten Weib und Kind. Die Schwester, dermaleinst ihre kleine Mutter, fanden sie in Habelschwerdt, verheiratet mit einem braven Mann, Mutter von vier Kindern.
Bei ihr trafen sie sich nun jedes Jahr nach der Kirmes, die immer beim Onkel Edeward begangen wurde. Dort auch, mitten im Gelächter der Geschwister und angesichts eines Kuchenberges, habe ich einmal mit den Tränen kämpfen müssen. Onkel Hermann, inzwischen zweiter Mann in seiner Fabrik und Verwalter des Hauptbuches, auf seinem Schreibtisch ein Sprechgerät von der ersten Edison-Generation, der also sagte zum Vater: „Denkst du noch daran, Richard, wie du einmal geheult hast, denkst du noch an die Abziehbilder?" Dem Vater fiel es wieder ein. Er war im Besitz eines Dreiers gewesen, verdient beim Schafehüten, und hatte beim alten Schroll Abziehbilder kaufen wollen, hatte aus dem Kasten ein volles Dutzend ausgesucht, dann aber bloß ein einziges Bild für seinen Dreier erhalten.

Jetzt lachte der Vater; aber damals hatte er geweint. Wäre ich allein mit ihm gewesen, ich hätte mich endlich einmal an seinen Hals geworfen, wie andere Kinder ihren Vater umarmten, wie ich es oft gesehen hatte. Im letzten Winter, als ich die Masern hatte, war er an mein Bett gekommen und hatte einen ganzen Bogen Abziehbilder vor mich hingebreitet. Unter dem durchsichtigen Überzug waren sie nur undeutlich zu erkennen. Der Vater feuchtete ihn an und zog das erste Bild ab. Wie es leuchtete! „So sollten wir sein", hatte der Vater gesagt und dann auf die noch trüben, halb verhüllten andern Bilder gezeigt. „Und so sind wir!"

Geweint hatte er damals. War arm gewesen. Kein Geburtstag war in seinem Vaterhaus gefeiert worden. Vielleicht war es ihm deshalb nicht geheuer, umarmt zu werden, mitten in seinen Bart geküßt zu werden. Sagte ich Gutenacht, dann gab er mir nur die Hand. Die Mutter zog mich zu sich herab.

Ich hörte damals auch den Onkel Alfred, den Ältesten, den Schmiedemeister, sagen, daß doch schon viel zu viel geredet werde auf der Welt. Und warum man das ganze ‚Gemähre' auch noch aufbewahre. Er meinte die Edinson'sche Walze mit Nadel und Trichter. Sie stand auf des Bruders Schreibtisch und konnte reden wie ein Mensch. Er selber, der Alfred, ging mit schwerem Werkzeug um, machte das Krumme gerade und umgekehrt, und beschlug den Rössern die Hufe. Herz und Zunge hielt er im Zaum.

Die Besteigung eines Schlotes

Leise und mit kleinen Schritten machte sich die neue Zeit an unser Landeck heran, an die kleine Stadt in der Land-Ecke, im östlichen Winkel des Glatzer Schneegebirges. An ihr hängt heute noch mein Herz wie an Vater und Mutter. Eins ums andere nahm sie, die neue Zeit, den Menschen die Arbeit aus der Hand und übergab sie der Maschine. Schon bügelte unser Nachbar, der Schneider Schmidt, die fertigen Hosen mit dem elektrischen Bügeleisen. Er nahm es in Kauf, daß fortan in seiner Stube etwas fehlte, nämlich der Duft glühenden Eisens. Der Bäckermeister Melde schaffte sich als erster eine Knetmaschine an. Auf den Tisch in unserer Wohnstube legte der Vater eines Tages ein um und um glänzendes Ding, einer Trompete ähnlich. Doch hing eine lange Schnur mit einem Stecker daran. Ein Fön! Kaum war der Stecker in der Dose, fing das Ding zu heulen an. Der Vater hielt es den Mädchen an den Kopf, und ihre Haare richteten sich auf, wie unterm Sturm. Von jetzt an saßen die Schwestern nach dem Haarewaschen

nicht mehr am Küchenherd, sondern nur noch ein paar Minuten unterm Fön. Daß es einen Wind dieses Namens gibt, wußte keiner von uns.
Um jene Zeit auch, als die Maschinen Hände bekamen und meine Schuljahre beim Kantor Nobel zu Ende gingen, vielleicht im Frühjahr neunzehnhundertzehn, errichtete die Stadtregierung, der auch das Bad mit seinen heißen Quellen, dem Kurpark, dem Waldtempel und den vielen Logierhäusern für die Sommergäste unterstand, dort im Badeviertel ließ der Magistrat ein Radium-Emanatorium erbauen. Was für ein Name! Auch der Vater erklärte ihn nicht. Dort, so hörten wir, saßen die Kranken, deren Gelenke und Sprechwerkzeuge müde geworden waren, und atmeten ein, was das schwefelduftende Heilwasser, von allen vier Wänden herabrieselnd, an Gesundheit von sich gab. Die Quellen, das wußten wir alle, kamen aus der Tiefe, erhitzt vom feurigen Erdkern.
Das Emanatorium, die Knetmaschinen, der Föhn und alles, was sich nun bald ohne Zutun der Menschenhände drehte und bewegte, lebte vom ‚Strom', einer Kraft, die ich bis heute nicht begreife. Die Uhrzeiger rückten weiter im gewohnten Zeitmaß. Die Loko-

mobilen, unter dem Dampf, den ihnen der Heizer Lorenz verschaffte, drehten sich, so schnell sie konnten. Nicht schnell genug, um alle Knetmaschinen in Gang zu halten, alle Föhne mit Heißluft zu versorgen. Ehe die Bogenlampen im Kurpark und überm Markt zu flackern anfingen, traf ein neuer, ein ungeheurer Dampfkessel ein, zusammen mit einer Dynamomaschine, die doppelt soviel Strom hervorbringen konnte wie die beiden alten.

Das Gartenland zwischen dem Werk und dem alten Birnbaum, der noch die Geburt der Zentrale mit angesehen hatte, wurde ausgehoben. Ein langes, niedriges Haus entstand, nicht für Menschen, sondern für den Kessel, der den neuen Maschinen den Dampf liefern sollte. Neben dem Kesselhaus stieg aus der Erde ein Schlot von unermeßlicher Höhe, aus gelben, steinharten Ziegeln gefügt, mächtig wie ein Kirchturm an seinem Fuß.

Ich sah den gelben Turm wachsen und wachsen, ganz von selbst, wie ein Baum. Niemand trug Ziegel herbei. Ich sah kein Gerüst, keinen Aufzug, sah nur manchmal die Köpfe der Bauleute über der Öffnung schweben. Wie kamen sie da hinauf, wie kamen sie wieder herab? Schon überragte der lehmfarbene Schaft den mächtigen Birnbaum. Und als die Birnenzeit da war, erblickte ich nichts mehr von den Männern, die im Innern werkten. Ich stand neben der glatten, gerundeten Wand, die meinen Blick nach oben riß. Die Wolken zogen über Turm und Baum und machten, daß der Schlot sich sachte bewegte. Ich selber schien zu schwanken, doch wurde ich nicht müde, den Bau zu umkreisen, der noch an die Wolken selber rühren würde.

Sein Geheimnis, das Geheimnis seines Werdens, ging mir nach bis in die Träume. Endlich fragte ich den Vater. Er führte mich durchs Kesselhaus zum Einstieg. Ich sah den Schacht, sah die Männer hin und wider gehen und hörte auf, mich zu wundern.

Im gleichen Augenblick aber erwachte in mir die Begierde, den Schornstein von innen zu betreten, ja zu besteigen und von seinem Kranz einen Blick in die Welt zu tun, zu meinen Füßen den Birnbaum, das Vaterhaus, die Nachbarn.

Dem Vater durfte ich mich in dieser Sache nicht anvertrauen. Er und die Mutter sahen es nicht gern, daß ich meine gewohnten Spielplätze verlassen hatte, seit hinterm

Werk gebaut wurde. Dennoch ließ mich der Plan einer Schlotbesteigung nicht mehr los. Und eines Samstagnachmittags, als die Bauleute Feierabend gemacht hatten, ungesehen, stieg ich über Gebälk und Leitern in die Röhre ein.

Ein Körnchen, ein Nichts auf dem Grunde dieser pfeilgerade gen Himmel gerichteten Höhle, drehte ich mich staunend um mich selber, erblickte Gestänge, geschichtete Ziegel, herabhängendes Seilwerk. Eng war es hier, viel enger, als ich es erwartet hatte. Meine Augen wanderten die roh verputzten Wände auf und ab, irrten endlich, den Beinen voran, über die Steigeisen hinauf, wo durch den kreisrunden Mund der Röhre ein blasses Licht zu mir herabfloß.

Die Steigeisen! Lockend sprangen sie mir aus der Mauer entgegen. Warum sollte ich es nicht wagen!

Ich schwang mich hinauf. Das war leicht, mit einer Baumbesteigung nicht zu vergleichen. Rasch gewann ich an Höhe, erklomm Eisen um Eisen, neben mir die Taue des Flaschenzuges und über mir das Licht, der Auslug in die Welt. Ich besinne mich nicht, daß ich einmal anhielt. Ich war ein zäher, dürrer Kerl damals, neun oder zehn Jahre alt, und verbrachte ganze Nachmittage an der Reckstange im Garten. Die vierzig Meter mich hinaufzuheben — der Vater nannte mir später die Höhe —, war mehr Lust als Mühe. Wohl aber weiß ich noch, wie's mir wurde, als ich endlich in dem engen Kranz hing und den Kopf in die sausende Luft hinausstreckte. Hinunterblickend nahm ich mit Entsetzen wahr, daß der Schlot nicht stille stand, sondern wie etwas Lebendiges oder wie eine Weidenrute hin und her schwang.

Auf hohen Türmen stehend, bin ich nachmals noch oft dieser Täuschung erlegen.

In jenem Augenblick nun fuhr mir der Schreck bis ins Innerste, ein lebenbedrohender, unvergeßlicher Schauder. Der Birnbaum unter mir, seine schimmernden, vom Erdboden aus nie erblickten reifen Wipfelfrüchte, sie freuten mich nicht. Der Garten, die Dächer der Nachbarhäuser, die Kronen unserer Linden, und weit drüben der Wald, der Schneeberg, ja selbst der Himmel über mir, alle befanden sich in ruhig tanzender Bewegung, tanzten lautlos hin und her, auf und ab.

Die Hände wurden kalt. Im Magen rumorte es. Und immer rascher schwankte alles.

Nur eine Rettung: hinab. Als ich aber meinen Blick mit Anstrengung zurückwandte, hinunter ins Dunkel, in die Tiefe, aus der ich aufgestiegen, da schien es unmöglich, den Abstieg zu wagen. Ich klammerte mich an den frisch gemauerten Sims. „Vater!" rief ich, so laut ich konnte, rief es ein ums andere Mal. Feucht vom Schweiß der Angst und der Übelkeit, hing ich in der Falle, in die mein Vorwitz mich verlockt hatte, unser aller Hochhinaus.

„Vater!" schrie ich von meinem tanzenden Turm herab.

Er hörte mich. Beide haben mich gehört, der über mir und der andere, der in diesem Augenblick unter den Baum trat, um sich wie gewohnt frisch gefallene Birnen aufzulesen.

Er stieg herauf zu mir. Er sprach mir zu und leitete mich hinab, immer zwei Steigeisen unter mir, mit seiner Hand mich stützend, mich stärkend mit väterlichem Wort.

Als die Mitte schon erreicht war, wollten mich die Kräfte verlassen. Da ließ er mich seinen Hals umschlingen und brachte mich wohlbehalten zur Erde.

Er fragte nicht, auch strafte er mich nicht. Statt dessen griff er in die Tasche und holte zwei Birnen heraus. Die aßen wir.

Wie wird es die Mutter aufnehmen, dachte ich. Weil sie aber nie ein Wort darüber sagte, meine ich, der Vater hat es gehalten wie bei einer andern Heimlichkeit. Er hat geschwiegen.

Der Knoblauch

Alle Monate einmal fuhr die Mutter nach Glatz, das Spargeld einzuzahlen, und kehrte erst mit dem Abendzug heim. Wenn an solchen Nachmittagen auch die Schwestern nicht zu Hause waren, sondern bei der Frau Hornig das Schneidern lernten, war ich in der großen Wohnung allein. Die Schwestern, was lernten sie nicht alles! Während der ‚Saison' nahmen sie im Logierhaus von Fräulein Kollewe Unterricht im Kochen und probierten manches üppige Rezept daheim auf unserm bescheidenen Herd. Beim Nachbar Thamm, der Madonnen und Engel aus Lindenholz herstellte, schnitzten sie Lämmer und Rehe. Sie konnten häkeln und klöppeln. In die beständig vermehrte Ausstattungswäsche stickten sie ihr Monogramm. Maria, unsere Älteste, nahm zweimal in der Woche Klavierstunden bei einer Dame, vor deren Namen an der Haustür die geheimnisvollen Abkürzungen standen: kons. geb. Was das bedeuten mochte? Ich erfuhr es später: konservatorisch gebildet. Auch das ein Rätsel. Beim alten Fräulein von Koffler lernten die Mädchen Französisch. Wohl gab es jetzt in unserer Stadt eine ‚Höhere Töchterschule'; aber als die ersten höheren Töchter dort ihren Bildungsgang antraten, hatten Maria und Lene die Schulpflicht bereits abgeleistet und bereiteten sich auf ein ernsteres Ziel vor, den Ehestand.

Unsere Wohnung bestand aus der Küche, zwei großen Stuben und drei Schlafkammern. Das Badezimmer hatte der Baumeister auf unserm Stockwerk nicht unterbringen können, es lag am gleichen Flur wie das Büro des Vaters, ein fensterloser Raum, den der Vater, als er mit dem Fotografieren anfing, sogleich als Dunkelkammer einrichtete. Die Fenster der Küche und der anliegenden Wohnstube, in der wir die Erzähl- und Leseabende verbrachten, öffneten sich nach Norden zur Linden-Allee. Hier teilte sich die Straße, die von der Stadt heraufführte, in einen Fahrweg und eine Promenade. Die Linden standen in drei Reihen und begleiteten die Allee bis hinauf ins Badeviertel. Weil sie Küche und Wohnzimmer verdunkelten, war die Wand zur Speisekammer entfernt worden. Sie hatte ein Westfenster, durch das wir unsern Garten, die Biele, den Turm der Pfarrkirche und den Hutberg sehen konnten. In dieser Nische, die ich sehr liebte, hing das Eierschränkchen, standen die Milchtöpfe und die Dose mit dem Pflaumenmus. An einem Haken außerhalb des Fensters wurde ein Säckchen mit einigen Knoblauchknollen verwahrt. Alles Verderbliche, die Marmeladen, die Senfgurken, der eingemachte Kürbis und die Kartoffeln befanden sich im Keller neben der Abteilung für Kohlen und Holz.

Wieviel Platz gab es bei uns daheim! Der Kochherd stand in Verbindung mit einem hohen Kachelofen, der eine Warmhalteröhre enthielt, keine Röhre, sondern ein verschließbares Kämmerchen, in dem immer eine Tasse mit Tee vom Tausendguldenkraut stand. Alle paar Stunden mußte ich davon einige Schlucke trinken. Ich war ein schlechter Esser, und es hieß, vom Tausendguldenkraut kriege man Hunger.

Ich war allein, und die Sonne stand schon überm Hutberg. Bald mußte der Vater kommen, ungerufen diesmal. Er kam, hatte zwei Stufen auf einmal genommen, kauerte sich vors Ofentürchen und legte Holz auf die Glut. Seine Hände bewegten sich ruhig und wie von selbst. Sie griffen niemals daneben, sie warfen nichts um. Sie brachten fast alles

zurecht. Sie hatten ein magisches Verhältnis zu den angeblich toten Dingen, vor allem zum Werkzeug. Kein Nagel krümmte sich, wenn er zuschlug. Schraubenzieher und Schraube gehorchten ihm. Die Türen hinter ihm fielen niemals ins Schloß, fast unhörbar legte sich Kante auf Kante. Bei allem Getöse, das die Maschinen im Werk von sich gaben, ist der Vater ein leiser Mensch geblieben. Von ihm habe ich, unter anderm, das Feuermachen und Schuheputzen gelernt.
Er schnitt jetzt vier große Scheiben Brot ab, strich mit den bloßen Fingern über die schon heiße Herdplatte. „Der Knoblauch! Die Butter!“ Ich holte beides, und wir setzten uns an den Tisch. Mit je einer halben Knoblauchzehe bestrichen wir das Brot und legten es auf den Herd. Ich machte das Fenster überm ‚Tritt‘ auf. Dort, zwei Handbreit erhöht, saß die Mutter, wenn sie die Wäsche ausbesserte. Sie konnte dann immer einmal auf die Straße hinunterblicken. Es war ihr Lieblingsplatz, über den jetzt der Knoblauchduft, der ja unbeschreiblich ist, ins Kalte hinauszog. Die Mutter verabscheute dieses Aroma. Den Vater versetzte es in die Kindheit.
Wir nahmen die angebräunten Scheiben vom Herd, rieben sie nochmals ein, strichen

Butter darüber und aßen, Auge in Auge. Mit dem Vater allein! Nicht mit seinem Erzählgesicht, nicht mit dem Dienstgesicht vor der Schaltwand, sondern mit seinem verschmitzten, wunderbar verjüngten Knoblauchgesicht.

Als ich ein paar Jahre später das Elternhaus auf lange verließ, vergaß ich die lebenverlängernde Knolle. Und wieder nach Jahren, in Bulgarien, in Griechenland, von Dalmatien bis in die Türkei, brachte sie sich mit ihrem mächtigen Geruch der Nase in Erinnerung. Betrat ich einen Wartesaal, nächtigte in den Klöstern der Rhodopen, sah ich mich wieder daheim in der Küche, verschwörerisch allein mit dem Vater, hörte ihn sagen: „Mach' noch mal das Fenster auf". Und „Butter haben wir damals nicht draufgetan. Butter gab's bloß am Sonntag nach der Messe."

Wie es möglich war, daß die Lokomobilen und Dynamos weiterliefen, während ihr Herr und Meister mit mir in der Küche saß und sich an Erinnerungen labte, danach fragte ich nicht. Und schon war der letzte Bissen hinuntergeschluckt, und der Vater schloß hinter sich die Tür. Ich brühte das Messer ab und trocknete es. Der Vater hatte die erste Wolke seiner Abendzigarre zurück-

gelassen. Verraten konnte uns jetzt nur noch der eigene Atem.
Die Schwestern kamen und rissen alle Fenster auf. Sie schälten Kartoffeln und schnitten Zwiebeln. Es mußte heute abend Bratkartoffeln geben. Nur der heiße Duft aus der Pfanne konnte sich mit dem andern, dem Geruch der Gerüche, messen.
Jetzt war auch die Mutter da. Sie zog die Nase kraus und sagte: „Ja, ja."

Ohne aus der Tür zu gehen …

An einem Winternachmittag holte mich der Vater von den griechischen Heldensagen weg in sein Büro. Es war ein Nachmittag vorm Sonntag, und der Buchhalter Tschöp hatte frei. Ich wußte damals schon, wer Leonidas gewesen war und was es mit dem Marathonlauf auf sich hatte.
Wir standen in der Nische, von der wir, wie vom Westfenster unsrer Küche, die genau darüber lag, in den Garten schauen konnten. Dort hinaus blickten wir jetzt nicht. Über dem Arbeitstisch, auf dem wie immer der Rechenschieber und ein paar aufgeschlagene Bücher lagen, hing eine Landkarte, größer als die Tischplatte.
„Die Welt", sagte der Vater, sagte es ruhig wie ein Alltagswort. „Die ganze Welt."
Augenblicklich traten meine Augen eine Weltreise an. Zarte, blaue Linien liefen von Erdteil zu Erdteil, die Straßen der Schiffe. Ich sah die beiden Pole. Ich fragte: „Und wo sind wir?" Der Vater nahm den Bleistift und legte ihn gleich wieder hin. „Wir sind nicht drauf."
Wie denn? Waren wir nicht in der Welt?

Noch einmal der Bleistift. „Hier in Amsterdam haben sie den Onkel Edeward geschanghait. Betrunken gemacht mit Genever und auf ein holländisches Schiff geschleppt. Nachts. In seinem Rausch hatte er einen Vertrag unterschrieben. Die Holländer sammelten damals billige Arbeitskräfte für ihre Pflanzungen in Java und Borneo. Edeward war nicht der einzige, der erst nüchtern wurde, als das Schiff schon den Kanal durchquerte. Da! Erst durch den Kanal, dann hinüber nach Brasilien, nach Pernambuco."
Langsam wanderte der Bleistift über das Meer. In Pernambuco, das jetzt Recife heißt, hatten sich der Onkel und sein Kumpan, der auch zuviel Genever getrunken hatte, nachts vom Schiff hinabgelassen und waren an Land geschwommen.
„Sie sind dann zu Fuß die Küste hinaufgewandert, durch die Urwälder. Wie sie die Flüsse überquert haben, wie ihnen die Indianer geholfen haben, laß' dir's mal vom Onkel Edeward erzählen, wenn wir wieder drüben sind. Sein Kumpan, der hat nicht durchgehalten. Ist unterwegs gestorben. Edeward mußte allein weitertrampen. Papiere hatte er keine, und wer weiß, wie er

damals ausgesehen hat, abgerissen und ausgezehrt. In Surinam nahmen ihn die Holländer fest. Er hatte nicht gewußt, daß es holländisch war. Er ist ihnen, ich weiß nicht wie, zum zweitenmal entkommen. In Caracas hat er dann ein paar Wochen in einem Hospital gelegen. Am Nervenfieber. Und zuletzt ist er auf einem englischen Dampfer, als Heizer, wieder nach Europa gekommen. — Vielleicht erzählt er es dir. Er redet nicht gern, der Edeward. Er hat es in sich."

Der Bleistift, der eben noch über Caracas geschwebt hatte, wanderte jetzt südwärts, an die afrikanische Westküste, ein Stück hinein in das Land, das damals Deutsch-Südwest geheißen hat.

„Da, in Windhuk, soll es eine Apotheke geben, die einem Verwandten von uns gehört. Er heißt Marschner, wie meine Mutter geheißen hat. Er ist mein Onkel. Sein Bruder, so heißt es, ist nach Australien ausgewandert und dann verschollen."

Verschollen — ein noch nie gehörtes Wort.

„Unser Vater hat sich nicht darum gekümmert. Ja, wenn die Mutter noch gelebt hätte! Vielleicht schreibe ich doch mal nach Windhuk."

Der Vater setzte sich endlich und legte den Bleistift hin.

Es gibt weniges aus der Zeit, in der ich aufhörte, ein Kind zu sein, das so klar vor mir steht. So deutlich wie jener Augenblick, in dem ich zum erstenmal ‚die ganze Welt' gesehen habe. Weggerückt von mir war alles Nahe und Vertraute, vor mir das Bild unserer Erde, so groß und vielgestalt, daß meine Augen keinen Ruhepunkt finden konnten. Wir selbst, der Vater und ich, unser Landeck und die ganze Grafschaft Glatz, wir waren so klein, daß wir nicht ‚drauf' waren, daß die Karte uns übersehen hatte.

Erst heute weiß ich, ein alter Mann, daß damals noch eine andere Tür vor mir aufging, die zur Welt meines Vaters.

Ich war wie berauscht. Nicht vom Genever wie der Onkel. Berauscht vom jähen Übergang aus dem Nahen ins fast Unbegrenzte. Aus der Geborgenheit ins Abenteuer. Dazu die wunderbaren Namen. Pernambuco mit seinen vier klingenden Silben. Wie ein Lied! Caracas: da fletscht einer die Zähne.

Ja, Namen gibt es! Borobudur und Chimborasso. Leckerbissen für mein Ohr. Geschanghait hatten sie den Onkel Edeward. Wie war das zugegangen?

Der Vater konnte nicht wissen, was er angerichtet hatte und daß seine Weltkarte in mich eingedrungen war wie in den Hungernden eine gute Mahlzeit. Daß dann, irgendwo in meinem Innern, eine Unruhe zu wachsen anfing, die erst zur Ruhe kommen will, nachdem ich sie alle aufgesucht habe und sagen kann, daß sie ihre mächtigen Namen verdienen, der dunkeltönende Kongo, der im Urwald verborgene Borobudur. Pernambuco, wo die Geschanghaiten an Land krochen, endlich auch Shanghai selbst, die ‚Stadt am Meer' — so nüchtern lautet ihr Name auf deutsch. Unschuldig war Shanghai an der Entführung wie das königliche Amsterdam, die Heimat des Herrn Kannitverstan. Schuld daran war der Genever, und wer den kennt, wird meinem Onkel nicht gram sein. Nein, der Vater ahnte wohl nicht, daß eine Landkarte, die ja aus bedrucktem Papier besteht, den Menschen ein Leben lang in Bewegung halten kann. Oder wußte er es? Am Weihnachtsfest, das auf diesen Nachmittag folgte, lag auf meinem Platz unterm Christbaum ein großer Schul-Atlas. Nach der Bescherung schlug ich die Karte von Südamerika auf und begab mich auf Edewards Fluchtweg.

‚Ohne aus der Tür zu gehen, kennt man die Welt.' Ein Chinese der alten Zeit sagte das. Er meinte nicht die Landkarten; aber auch von seiner, der unsichtbaren Welt, ist in dem kleinen Viereck, in dem die dicken Nachschlagebücher und der Rechenschieber ihren Platz hatten, manchmal die Rede gewesen.

Die Kohle

Als ich zur Welt kam, hatte der Vater im Hof, der zwischen Haus und Garten lag, eine Linde gepflanzt. Sie mochte damals so groß gewesen sein wie meine Schwestern. Die waren jetzt erwachsen, und ihre Röcke reichten fast bis zur Erde. Im Hause trugen sie gestärkte, raschelnde Schürzen mit Volants über den Schultern und großen Taschen. Maria, um acht Jahre älter als ich, führte sich manchmal auf, als sei sie meine Vorgesetzte. Lene, im Sturm und Drang ihrer sechzehn Jahre, mußte vom Vater eine Ohrfeige hinnehmen, weil sie sich beim abendlichen Milchholen um eine Stunde verspätet hatte.

An den Wipfel der Linde, die ja schneller wächst als der Mensch, konnte ich nicht mehr hinreichen. Seit ich zur Schule ging, trat ich an jedem Geburtstag vor sie hin, wässerte sie, redete mit ihr und berührte einen Zweig. Verglichen mit ihren Geschwistern vorm Tor, deren Kronen sich berührten und unter der Sonne einen grünlichen Schatten warfen, war sie noch ein Zwerg.

Bei unserm Haus beginnend, senkte sich die Lindenstraße zum Bieletal hinab. Vorher, beim Haus meines Geigenlehrers, überschritt sie die kleine Brücke über den Leuthenbach und begleitete danach die Biele bis zur Johannesbrücke und weiter talwärts.
Auf dieser Straße rollten jeden Monat ein paar Wagen mit fetter Kohle aus Oberschlesien heran, die für die ‚Zentrale' bestimmt war. Vor der Steigung, der einzigen auf dem langen Weg vom Bahnhof her, hielten die Fuhrleute an, damit die Pferde zu Kräften kamen. Dann schnalzten sie mit der Zunge und hoben die Peitsche. Die Pferde legten sich ins Geschirr. Vor ihren Augen fuchtelte die Peitschenschnur. War die halbe Anhöhe geschafft, blieben sie keuchend stehen.
Längst hatten wir sie kommen hören. Jetzt sahen wir sie. Wir und die Rösser, wir wußten, daß es jetzt ernst wurde. Die Schwestern rannten hinunter und gingen neben den Pferden her. Die Kutscher gebrauchten die Peitsche. Die Mädchen kamen mit ihnen ins Handgemenge und wurden ausgelacht. Ich selber durfte nicht mit hinunter, die Mutter hielt mich fest. Wo die Lindenstraße sich teilt, neben unserm Haus, wurde noch einmal gehalten. Die Pferde senkten die Köpfe.

Ihre Haut war naß. Die Schwestern kamen zurück. Oft heulten sie. Noch hundert Schritte, und die schwarze Last wurde abgeladen. Harbig und Kolbe, die beiden Heizer, machten Asche daraus.

Harbig war es, dem eines Tages ein Stück Kohle, das schon auf der Schaufel lag, sonderbar vorkam. Es war wie von Menschenhand geformt, nicht größer als ein Brikett. Er zeigte es dem Vater. Der besah es von allen Seiten, drehte es um und um, bis es auf einmal in zwei Hälften zerfiel. Auf der einen sah er ein zu Kohle gewordenes gefiedertes Blatt, auf der andern den Abdruck, das Negativ. Er nahm die beiden Stücke mit und legte sie hinter den grünen Vorhang in seinem Refugium.

Harbig hatte mitangesehen, wie da mittendrin ein Blatt ruhte, nicht viel größer als eine Gänsefeder und in allen Teilen so deutlich, als säße es noch am Zweig, auf der einen Hälfte das Blatt, auf der andern sein Abdruck. Er erzählte es mir und schüttelte dabei oft den Kopf. Wenn er die Kesseltür aufriß, eine Schaufel voll Kohle aus der Karre nahm, dann ausholte und die Ladung tief in das feurige Maul hineinschleuderte, da sah ich gern zu. Es war wie eine Raubtierfütte-

rung. Harbig hatte früher Lokomotiven geheizt und war dann krank geworden. Er mußte ja bei Wind und Wetter draußen stehen, immer zwischen heiß und kalt.
Er liebte seine Maschine. „In fünf Minuten", sagte er und ließ mich den langsam steigenden Zeiger des Manometers sehen. Noch zwei Schaufeln, ein letzter Blick auf den Zeiger. Jetzt der Anlaßhebel, das betäubende Zischen des Dampfes, die ersten noch langsamen Drehungen.
Wie die Kolben emporstiegen und sich nach vorne streckten, wie menschliche Glieder! Dieser Vorgang, bei dem die gespeicherte und endlich befreite Kraft sofort gezwungen wird, nützliche Arbeit zu leisten, das konnte ich nicht oft genug miterleben. Schon damals freute mich alles, was sich drehte, die Wasserräder, die Windmühle, von denen ich mit meinem Freund Florian viele gebaut habe, später auch die Schaufelräder der alten Donaudampfer.
Schnell mäßigte sich das Getöse der ersten Umdrehungen zu jenem hohen, gleichmäßigen Sausen. Von Zeit zu Zeit bestieg Harbig auf einer Leiter den Rücken der Maschine und ließ Öl in die arbeitenden Gelenke tropfen. Dann wieder füllte er draußen beim

Kohlenhaufen die leere Karre auf. Die Kohlen selber rührten sich nicht. Sie waren aber geladen mit Kraft. Wie kam die Kraft in sie hinein?

Als ich nach ein paar Tagen wieder unter der Weltkarte stand, lag Harbigs Kohle auf dem Tisch, daneben, aufgeschlagen, ein Band des ‚Großen Meyer'.

„Wie alt ist das? Was meinst du?" fragte der Vater. Ich sagte: „Vielleicht hundert Jahre."

Der Vater: „Es gibt Menschen, die hundert Jahre alt werden. Die meisten sterben vorher. Du bist jetzt elf, und ich werde nächsten Sommer fünfzig. Weißt du überhaupt, wie lang eine Minute ist?" „Sechzig Sekunden."

„Weißt du auch, wie lange das dauert? Setz' dich dort drüben hin!"

Ich setzte mich auf den Stuhl des Herrn Tschöp, und der Vater zog die Uhr aus der Westentasche. „Jetzt!" sagte er.

Ich schaute zu ihm hinüber, und er blickte auf die Uhr. Es war still. Das war schwer zu ertragen und wollte kein Ende nehmen.

„Jetzt!" sagte der Vater noch einmal. „Das war eine Minute. Eine Stunde hat sechzig Stück davon. Kannst du die Sekunden ausrechnen?" Ich konnte es nicht. „Was lernt ihr eigentlich in der Schule? Sechzig mal sech-

zig, das sind dreitausendsechshundert Sekunden. Und das mal vierundzwanzig, das ist ein Tag. Ein Tag mal dreihundertsechzig — " „Ein Jahr."
„Die Kohle da und alle Kohlen sind zweihundert oder auch dreihundert Millionen Jahre alt. Komm' wieder her!"
Da lag sie, ein vielfacher Millionär. Der Vater hob die obere Hälfte ab und ließ mich das Blatt sehen, schwarz wie die Kohle selbst.
„Wie ist es hineingekommen?" „Es ist das Blatt von einem Farnbaum. Es hat einmal Farnbäume gegeben. Heute noch gibt es sie in den heißen Ländern. Nicht wie das Farnkraut unter unsern Stachelbeersträuchern. Sie hatten Stamm und Äste, die Farnbäume. Und Blätter wie das hier. Damals, vor hundert oder zweihundert Millionen Jahren. Die Erde war früher nicht so still wie heute. Sie hob sich und platzte an manchen Stellen auf. Auf einmal war dort, wo Erde gewesen war, ein Meer. Alles ging unter, die Pflanzen und Tiere. Alles wurde mit Schlamm zugedeckt und verkohlte langsam. Und versteinerte. Das hier" — er zog den grünen Vorhang zurück und nahm einen Stein heraus — „das ist kein Stein, sondern eine versteinerte Schnecke."

Es war wie bei Betrachtung der Weltkarte. Sie hatte mich aus den gewohnten Grenzen herausgerissen ins Grenzenlose. Hier nun sah ich vor mir die verkohlte und die versteinerte Zeit. Ich konnte sie in die Hand nehmen und mit ihr, der Hand, be-greifen, was dem Geist versagt ist. Ich hörte, daß Berge und Täler nicht fest waren, nicht unveränderlich waren, sondern unversehens verschwanden und ertranken.
Ich nahm auch den Großen Meyer in die Hand. Auf zwei Seiten sah ich ‚Die Zeitalter der Erde'. Uralt und unermeßlich war die Welt. Unbegreiflich. Ich hörte den Vater sagen, wie merkwürdig es doch sei, daß die schwarze Kohle, die ja aus der Finsternis kommt, in Licht verwandelt werden kann. Wie das Petroleum, das auch aus der Erde stammt. Und wie der Kienspan, dieser Splitter vom Baum. In zweihundert Millionen Jahren, wer weiß, ist auch deine Linde da draußen zu Kohle geworden.
Der Vater sprach wohl mit sich selber, doch sollte ich es hören. Wenn ich mich jetzt, im Schreiben, zurückbegebe in jene Stunde, dann ist mir, als hätte der Vater zum erstenmal mit mir gesprochen wie mit seinesgleichen. Nicht, wie die Erwachsenen, in der

Kniebeuge. Und wie ich heute, im vorletzten Jahrzehnt unseres Jahrhunderts, manche Wirklichkeit kaum noch vom Wunder unterscheide, verwandelt sich mir die Unbegreiflichkeit von Raum und Zeit zur Wirklichkeit. In der Gestalt der Weltkarte und in einem Stück Kohle.

Als ich wieder oben in unserer Küche war, schaute ich lange in den Kasten vorm Herd. Ohne Kohle, ohne Span und Scheit keine Wärme, kein Ofen, keine Suppe. Abends kein Licht.

Sonne, Mond und Sterne

Daß die Erde rund ist wie eine Kegelkugel, haben die Menschen nicht immer gewußt. Wer sollte es auch für möglich gehalten haben, damals, als es noch keine Astronauten gab! Ich wußte es; denn ich hatte ‚Die Reise um die Erde in achtzig Tagen' schon dreimal zurückgelegt. Daß selbst die schlauen Griechen in ihrer Welt wie auf einem Teller gelebt hatten, von dem jeder hinunterfiel, der dem Rand zu nahe kam, zum Beispiel den ‚Säulen des Herkules', auch das war mir bekannt. Es brachte mein Weltbild nicht in Unordnung. Was ich sah und auch das, was niemand sehen kann, war noch nicht voneinander geschieden. Die Weltkarte und die Schnecke im Stein waren so leibhaft wie der Hutberg vor unserm Fenster, wie die Lindenbäume und der Kohlrabi, den ich heimlich aus dem Beet zog und roh verzehrte.

Ich weiß wohl, daß die Wirklichkeit jener Zeit nicht mehr die ist, in der ich lebe, und daß ich sie auch nicht mehr so erzählen kann, als sei sie noch vorhanden. Von ihr, der Vergangenheit, ist viel abgefallen, viel

Angst und Trauer. Sie hat sich gereinigt und verklärt.

Wir waren es gewohnt, daß der Vater nach dem Abendbrot noch einmal hinüber zu den Maschinen ging, zur Schaltwand oder an seinen Schreibtisch. Er hatte keinen Feierabend wie andere Väter, die am Samstagnachmittag die Werkstatt abschließen. Auch am Sonntag wollten die Landecker das Licht einschalten, wenn es dunkel wurde. Stand an solchen Feiertagen ein Gewitter über uns, gab es im Winter Sturm und Schnee, dann sahen wir den Vater nur zu den Mahlzeiten.

Auch der Bauer hat ja keinen Sabbath, wie er im Alten Testament beschrieben ist. Die Kühe wollen wie sonst gemolken werden, und alles Vieh wartet aufs Futter.

Wir nun warteten eines Abends länger als sonst auf den Vater. Auf einmal war er da und stellte eine Kiste neben den Tisch. „Räumt ab!" Ich erwartete Eßbares. Es kamen manchmal Äpfel aus Tirol. Auch Kokosnüsse hatten schon den Weg zu uns gefunden, alle rund wie die Erdkugel. Eine solche setzte der Vater jetzt auf den Tisch, einen beweglichen Globus.

„Ich habe ihn ausgeborgt."

Der Erde gegenüber stellte er einen kleinen

Scheinwerfer mit Schnur und Stecker auf. „Den habe ich selber gemacht."
Zwischen den Fenstern der Wohnstube gab es eine Anschlußdose. Die Schwestern benutzten sie, wenn sie fönten. Als der Stecker drin war, hieß es: „Licht aus!"
Wir saßen im Finstern, wir Kinder auf dem Kanapee, die Mutter auf einem Stuhl. Auf einmal hörten wir in den Linden vorm Fenster den Wind. Die Mutter konnte es nicht aushalten. „Aber Vater!" murmelte sie.
Da wurde es wieder hell. Nicht von oben her. Aus dem Trichter, mit dem der Vater die Glühbirne umkleidet hatte, fuhr ein dünner Strahl hinüber zum Globus.
„Es ist Mittag!" Der Vater zeigte mit dem Finger auf das beleuchtete Europa. Darunter das Mittelmeer und Afrika. Wie seltsam! Draußen die Nacht und hier der Tag.
„In Amerika, da hinten, schlafen sie jetzt noch."
Ganz langsam drehte er die Kugel nach rechts, über den Atlantik und über die vielen Inseln, die Kolumbus für Indien gehalten hatte. Die amerikanische Küste kam in Sicht.
„Jetzt wachen sie auf, in New York, und wir gehen schlafen."

Weiter wanderte das gebündelte Licht, unsere Sonne, über das weite Land, über den Stillen Ozean, bis es dort wieder dunkel wurde und bei uns der Tag anbrach. Wer konnte da noch zweifeln, daß es die Erde war, die sich bewegte, und nicht die Sonne!

An jenem Abend erlebten wir nicht bloß die Auf- und Untergänge, nicht die der ruhenden Sonne, sondern unsere eigenen; wir wanderten auch durch alle vier Jahreszeiten. Bewegt von der Hand des Vaters hob sich einmal die nördliche, dann die südliche Halbkugel ins volle Licht. Wie leicht war das zu begreifen! Unsere Erde hatte eine Achse. Die wankte vor und zurück, wie der Baum im Wind. Da wurde es Winter, wurde Sommer. Die Erde selber hörte nicht auf, sich zu drehen wie der Kreisel. Wer aber hielt alles in Gang?

„Noch mal!“ verlangten wir, und der Vater, in Stellvertretung des Herrgotts, ließ es siebenmal, eine ganze Woche, Tag und Nacht werden.

„Der Mann, der es herausgefunden hat, daß unsere Erde ein Planet ist wie die andern auch, ein ganz kleiner, und daß sie sich um sich selber dreht, der Kopernikus, der stammt aus unserm Schlesien, aus Frankenstein."

Die Mutter schaltete das Deckenlicht ein, und wir durften Globus und Scheinwerfer, Erde und Sonne, in die Hand nehmen, mit den Händen be-greifen.

„Den Globus haben mir Köhlers geborgt. Die haben noch ganz andere Sachen. Das hier ist auch von ihnen."

Er holte eine Maschine aus der Kiste, ein wunderliches Ding aus Stangen und Kugeln und mit einer Kurbel: Erde, Mond und Sonne. Als er die Kurbel bewegte, gingen Mond und Erde auf die Reise, die Sonne in der Mitte rührte sich nicht. Während nun unsere Erde in immer gleicher Entfernung um die Sonne wanderte, rannte der Mond um uns herum, und als die beiden ihre Rundreise beendet hatten, da war, so sagte der Vater, ein ganzes Jahr herum, da war uns die Sonne dreihundertfünfundsechzigmal auf- und untergegangen.

Was für ein Abend, zusammengesetzt aus lauter Wundern, lauter Unbegreiflichkeiten, die wir bloß mit den Händen, nicht aber mit dem Verstand begriffen. Alle Fragen, die wir dem Vater, die wir uns selber stellten, blieben ohne Antwort.

Warum fallen wir nicht herunter, wenn die Erde sich dreht, warum fällt sie selber nicht ins Unendliche? Und der Mond, warum zieht er sich immer wieder ins Versteck zurück, schrumpft ein, wird wieder rund? Das sei der Schatten, sagte der Vater. Unser Schatten, der Erdeschatten. So so, wir warfen also einen Schatten. Nicht immer, nur alle vier Wochen. Und die Sonne? Wer hält sie denn fest, wenn alles unterwegs ist? Oder ist auch sie bloß ein Stern, ein großer, unruhiger Stern? Ist uns bloß näher als die andern Sterne. Ist unser Ofen. Und unsere Lampe.
Das Universum befand sich längst wieder in der Kiste, und der Vater saß auf seinem gewohnten Platz. Er ließ uns reden und fragen. Er sagte einmal: „Wir brauchen nicht alles zu wissen. Es soll ja auch eine Milchstraße geben. Eine Milchstraße! Ich habe eine Sternkarte bestellt."
„So was gibt es?" fragte Maria. Sie hatte uns im vergangenen Winter „Die Familie Pfäffling" vorgelesen. Da war von den Leonidenschwärmen erzählt worden, die im August wie ein Feuerwerk vom Himmel fallen. Leo, das hatten wir schon gehabt, das war der Löwe. Auch konnte ich schon deklinieren: amo, amas, amat.

Der Gärtner Köhler, Vaters Freund, hatte nicht bloß Globus und Himmelsmaschine, sondern auch eine Tochter. Sie hieß Hilde und war das schönste Mädchen weit und breit.

Das Grammophon

Weltkarte und Universum, beide regten die Mutter nicht auf. Sie nahm Kenntnis von ihnen, hielt aber auf Abstand. Ihr Reich war die nahe Welt, Haus und Garten, die Aussteuer der Töchter, die Nachbarn.

Und die Musik.

Sie gebietet über ein eigenes Reich, in dem nicht jeder ein Wohnrecht hat, und viele kennen nur eine der ungeratenen Töchter der Königin, die Marschmusik.

Nicht so die Mutter. Sie war vertraut mit der Königin selbst, der Melodie; denn sie besaß eine Zither. Auf ihr konnte sie spielen und dazu singen.

Das konnte der Vater nicht. Er sang nicht richtig, er hatte im Schulchor zu den Brummern gehört. Die Mutter sagte, ihm fehle das musikalische Gehör. Bei so geringem Musikverstand war ihm auch am Tanzen nicht viel gelegen.

Wie war es zugegangen, daß die Mutter einem solchen Manne gefolgt war, aus dem liederreichen Erzgebirge ins Brandenburgische, wo der Vater Lokomotiven baute, und von da in die Grafschaft Glatz, in einen ihrer Winkel? Kaum hatten die beiden Töchter Lesen und Schreiben gelernt, war ein Klavier ins Haus gekommen, in die Gute Stube. In die Tanzstunde brauchten sie nicht zu gehen, Maria und Lene. Die Mutter brachte ihnen alles bei, vom Walzer bis zum Rheinländer. Ich war eben von den Buchstaben zur Notenschrift vorgeschritten, da gingen die Schwestern am Samstagabend bereits zur ‚Réunion' ins Kurhaus, in knisternden Kleidern und mit verfremdeten Gesichtern. Auf französische Kommandos führten sie dort schwierige Figuren aus, tanzten Quadrille und Menuett. Am nächsten Morgen, während des Frühstücks, zeigten sie die neuen Schritte vor. Die Mutter konnte dann nicht sitzen bleiben. Der Vater und ich, wir sahen schweigend zu.

Sitzen bleiben, das konnte die Mutter auch dann nicht, wenn sie eine Ballade vortrug oder eines ihrer Lieblingslieder sang. Sie sind alle auch meine Lieblinge geworden, jene Gedichte und Lieder.

Und auch die Zither — , es muß ganz still sein um sie herum, wenn sie ihre herzbewegende Stimme hören läßt, still auch in uns.

Ja, wie mag es gewesen sein, als die Mutter ihre Heimat mit der Fremde vertauschte? Manches hat sie mir erzählt, manches nicht. In ihrem Elternhaus in Oberlungwitz hatten die ersten englischen Strickmaschinen gestanden. Es kostete nur einen Hebeldruck, nur ein paar Handgriffe, und sie strickten Strümpfe, wollene und baumwollene, lange und kurze. Eine Kunst, die der Vater schon als Knabe erlernt hatte. Es kam nun vor, daß eine Maschine Fehler machte, zu husten anfing und mit dem Stricken aufhörte. Da mußte aus Chemnitz, wo die Engländer eine Vertretung hatten, ein kundiger Mann gerufen werden.

Es kam, so erzählte die Mutter, ein schöner, junger Mensch. Ohne Fragen zu stellen, rückte er der erkrankten Maschine zu Leibe, griff in ihr Inneres, griff hierhin und dorthin, bis das Wunderwerk sich besann und die Arbeit wieder aufnahm. Die Anna, unsere Mutter, damals achtzehn Jahre, hatte dem schönen, jungen Mann das Frühstück bringen müssen und ihn dabei genau angeschaut. Einen solchen Mann, sagte sie, hatte es damals in Oberlungwitz nicht gegeben. Ihr Herz war bis dahin frei gewesen. Bis dahin. Wenn sie dann weiter erzählte, war sie

mit jenem Mann, unserm Vater, schon in die Fremde gezogen, mit kleinem Heiratsgut, darunter die Zither. Und das Chemnitzer Lesebuch. Sie hätte es daheim lassen können; denn alle Gedichte und Geschichten dieses herrlichen Schulbuches konnte sie auswendig hersagen. ‚Des Sängers Fluch' und den ‚Herrn Kannitverstan' des Johann Peter Hebel, die Äsopschen Fabeln und das Gedicht vom ‚Bäumlein, das andere Blätter hat gewollt' — ich ging noch nicht zum Kantor Nobel in die Schule, da konnte ich sie alle schon ‚aufsagen' wie die Mutter.
Sie schob mir die Fußbank hin und setzte sich vor mich auf den Stuhl. Auf meine ausgestreckten Arme legte sie die Wollsträhne und fing an, einen Knäuel zu wickeln. Während ich die Arme hin- und herbewegte, erzählte sie mir die Geschichte vom Glasberg. Manchmal sang sie ein Lied. Fast alle waren traurig, und eines von ihnen habe ich niemals mehr gehört. „Fern im Süd, das schöne Spanien! Spanien ist mein Heimatland. Wo die schattigen Kastanien wachsen an des Ebro's Strand. Wo die Mandeln rötlich blühen, und die goldne Traube winkt!"
So die erste Strophe. Wo hatte sie es her? Der Ebro, die rötlichen Mandeln — nichts von

dem allen war bei uns, auch nicht in Oberlungwitz, vorhanden. Ich konnte das Lied nicht oft genug hören, das Sehnsuchtslied eines spanischen Gastarbeiters. Aber die gab es damals noch nicht.

Bei einem andern Lied, das ich den allerschönsten zurechne, konnte die Sängerin nicht sitzen bleiben. Auch ich stand auf. Immer bin ich aufgestanden, wenn ich später dieses Lied singen hörte, von Männern im Süden wie im Norden. Es ist ein Männerlied, ganz ohne Traurigkeit: La Paloma. Die Weiße Taube.

Die Mutter also erhob sich, umfaßte den Garnknäuel und sang. Kam sie zu jenem „Matrosen, ohe!“ dann durchfuhr es mich wie ein Trompetensignal. Und heute noch kann ich dieses „Ohe“ nicht hören, ohne die Mutter und die wogende See zu sehen. Sie selber hat das große Meer weder gesehen noch je rauschen gehört.

Und wieder frage ich mich, wie die Zitherspielerin zu dieser Hymne auf Wind und Meer gekommen sein mag. Als ich vor ein paar Jahren in Schulau an der Elbmündung saß, kam ein chinesischer Frachter dahergeschwommen, meerwärts, und ich hörte über mir, wie eine Posaune aus dem All, das

„Steuermann, he!“ des Fliegenden Holländers. Und danach, auf chinesisch und deutsch, die guten Wünsche des Hamburger Hafens für die lange Heimfahrt. Es ‚riß‘ mich, wie unsere Sprache zu sagen erlaubt, und ich hörte noch einmal die Mutter: „Matrosen, ohe!“
War es damals nicht wie im Refugium des Vaters? „Ohne aus der Tür zu gehen — “
Wie müssen sie sich geliebt haben, der Vater, der weder richtig singen noch richtig tanzen konnte, und die Mutter, die in beiden Künsten zu Hause war. Als dann die Töchter, ihr nachgeraten, Klavier spielten, tanzen konnten und im Jungfrauenverein Theater spielten wie die Mutter zu ihrer Zeit, da mag es angefangen haben, daß der Vater sich nicht mehr in der Mitte fühlte, daß er sich langsam am Rande seiner Familie ansiedelte. An den Sonntagnachmittagen, an denen in der Guten Stube Musik gemacht wurde, wich er in den Garten aus oder schrieb an seine Brüder. Die Hedel Reinsch, Tochter eines großen Kirchenmalers und durch den Vater mit uns verwandt, sang Mozart-Arien. Herr Menzel, Mitglied der Kurkapelle, spielte auf der Geige das Ave Maria. Auf die große Musik folgte oft

noch eine kleine, die ‚Petersburger Schlittenfahrt'. Sie war für vier Hände gesetzt. Die oberen Zwei gehörten Lene, die unteren mir. Nicht immer kamen wir zur gleichen Zeit in Petersburg an.
In jener Zeit also, in der es bei uns kaum einen Tag ohne Musik gab, mag der Vater in aller Stille jenen Entschluß gefaßt haben, der unser bevorstehendes Weihnachten verklärte. Ich sollte nicht sagen, daß Weihnachten durch ein Grammophon verklärt werden kann, und doch hat es unter unserm Christbaum niemals wieder soviel Lachen gegeben, Lachen und Freudentränen zugleich, wie damals, als sich der Vater noch während der Bescherung unterm Gabentisch zu schaffen machte, erst ein Bettlaken hervorholte, das als Hülle gedient hatte, danach das Grammophon, das erste unseres Lebens, das einzige weit und breit. Der viereckige Kasten und der Trichter waren brennend rot, beide noch stumm wie wir. Noch einmal duckte sich der Vater untern Tisch, holte Kurbel und Platte hervor. Nachdem er die erste aufgelegt und lange mit der Kurbel gedreht hatte, scheuchte er uns zurück. Jetzt drehte sich die Platte, jetzt wurde die Nadel aufgesetzt. Im Trichter rauschte und knackte

es. Und dann strömte der Gesang von unzähligen und unsichtbaren Sängern hervor. Sie sangen ‚Stille und heilige Nacht', und noch nie war das Lied in unserer Guten Stube so laut erklungen.
Die Mutter brach in Tränen aus. Der Vater stand neben dem Apparat und blickte zu Boden.
War es denn zu fassen? Da sangen sie, und wir sahen nur den Trichter. Wie eine riesige Blüte stand er über dem kreisenden Teller. Nach der ersten Strophe wiederholten Geigen die Melodie. Die Mutter weinte immer noch. Sie trat neben den Vater und legte den Arm um ihn. Das hatten wir noch nie gesehen.
Als sich die „Stille Nacht" ihrem Ende näherte, drehte der Vater ein paarmal an der Kurbel; denn jetzt, von einem andern Chor gesungen, und von Blasinstrumenten begleitet, sangen die Unsichtbaren das Lied von der fröhlichen und seligen Weihnachtszeit.
Mich schauerte es wie beim „Matrosen, ohe!". Noch am Nachmittag, vor wenigen Stunden noch, hatten wir das große Lied in der Kirche gesungen. Jetzt, zusammen mit den Unsichtbaren, sangen wir es noch ein-

mal. Vielleicht hat auch der Vater mitgesungen.
Wer könnte so eine Stunde vergessen?
Jenes Weihnachten dauerte viele Tage; denn der Vater, beraten vom Musikalienhändler in Glatz, hatte, zusammen mit dem Apparat, ein volles Dutzend Platten erworben. Die Hohe Muse war mit dem Brautmarsch aus Lohengrin vertreten, ihre bescheideneren Töchter mit dem ‚Waldmägdelein' Vilja, den ‚Wiener Waschermadeln' und dem köstlichen Gespräch von Elefant und Mücke.
Kein Nachmittag, kein Abend zwischen Weihnachten und Neujahr, an dem nicht die Gute Stube voller Nachbarn war, die wie entgeistert in den leeren Trichter blickten, schweigend und mit gefalteten Händen.
Gestiftet hatte das Wunder unser Vater, nicht Herr Edison oder sonst ein schlauer Mann. Er auch hatte aus Glatz den ‚Kaiserwalzer' mitgebracht, zu dem noch unterm Christbaum die Mutter mit den Töchtern, aber auch mit dem schönen jungen Mann von einst tanzte. Ich sah, wie Vater und Mutter sich umschlungen hielten und tanzten, er den Zweischritt-Walzer, die Mutter den richtigen.
Da stand er nun nicht mehr draußen, unser

Erhalter, von der Muse verscheucht. Das Grammophon hatte ihn in die Mitte zurückgeführt.
War ich am Vormittag mit ihm allein, dann legte er für sich und mich den musikalischen Dialog zwischen Elefant und Mücke auf. Posaune und Piccoloflöte redeten miteinander, und wir lachten dazu. Wann sonst lachte der Vater? Beim ‚Waldmägdelein' lachten wir nicht, denn die Melodie ging zu Herzen. Der Sänger nannte das Mädchen mit Namen: „Vilja, ach Vilja, du Waldmägdelein, laß mich, o laß mich dein Herzliebster sein!"
Das sei eine gute Platte, sagte der Vater jedesmal und war danach still. Ich selber, ich wußte schon, was eine Herzliebste ist. Ich hatte eine, doch war es ihr nicht bekannt.

Die Freunde

Unser Vater hatte fünf Freunde. Zwei von ihnen gehörten ihm und mir, die nächsten zwei nur ihm, der fünfte und letzte, ein alter Bauer im Ausgedinge, war unser aller Freund.

Der Japan-Müller und der China-Müller waren von gleicher Körperlichkeit, große, breite Männer mit immer glatt rasierten Gesichtern und von gleicher Art. Um diese Art zu bezeichnen, benutze ich ein uraltes Wort aus der Sprache der Römer. Sie waren jovialisch. Jovis, der Gott, und Jupiter, sein Stern, sie schenken dem Menschen Frohsinn und Munterkeit. Das beinahe geistliche Wort von der Ausstrahlung war damals noch nicht im Gebrauch. Es traf für beide zu. Ihre Ausstrahlung: Wohlwollen.

Der Japan-Müller war bis ins späte Mannesalter zur See gefahren und hatte viel Geld gemacht. Er besaß im Kurviertel ein Logierhaus, das von seiner Frau geführt wurde, die ich nie gesehen habe. Er selber war in den Jahren unserer Freundschaft, ja, ich durfte auch mich zu seinen Freunden zählen, mit dem Teehaus beschäftigt, das er in Japan gekauft und in einer Senke zwischen Kurpark und Georgenhalle wieder aufgebaut hatte.

Vor manchen Gesichtern meiner Kinderzeit habe ich geschwiegen, oft auch vor dem des Vaters. Die Gesichter der beiden Müller brachten mich zum Reden. Zwischen uns lagen drei oder vier Jahrzehnte. Ich spürte sie nicht.

Dem Japan-Müller lag viel daran, sein östliches Haus schön und japangerecht zu beleuchten, wenn es dunkel wurde. Die Laternen hatte er, zusammen mit allem andern Zubehör, in Yokohama gekauft. Für die Installation und die elektrische Bodenheizung brauchte er unsern Vater. Ich habe darum alles miterlebt, die Ankunft des Hauses, das in viele Einzelteile zerlegt war, den Zusammenbau und die mit kaum zu ertragender Ungeduld erwartete Ankunft des japanischen Ehepaares, das sich entschlossen hatte, das Land der aufgehenden Sonne mit dem Abendland zu vertauschen. Von ihnen vor allem, den beiden kleinwüchsigen, immer lächelnden und jedermann sich entgegenneigenden Exoten mag der alte Weltreisende, der selber gern lächelte, leise sprach

und sich sparsam bewegte, das Florieren des Tee-Hauses erwartet haben.
Er hat sich nicht getäuscht. Kein Kurgast, auch kein Einheimischer, der nicht gern den Duft des östlichen Holzes und der weichen Matten atmen und dazu grünen Tee oder eine Schale Reiswein schlürfen wollte. Hatte es bei der Bestellung ein sprachliches Mißverständnis gegeben, dann lachten die Japaner und klatschten in die Hände, anstatt sich zu entschuldigen. Was es doch in der Welt für Menschen gab! Wir Landecker in unserm Winkel sprachen lange von nichts anderm und waren stolz darauf, daß uns der Ferne Osten mit einem so liebenswerten Kind seiner Kultur beehrt hatte. Weder des Vaters Altheide, noch Reinerz, noch Kudowa, alle drei mit Heilwassern gesegnet, hatten ein Teehaus aufzuweisen. Von grünem Tee, von Reiswein und Reiskuchen, hatten sie davon schon gehört?
Das japanische Paar war noch jung. Wenn ich einmal groß wäre und die beiden wieder in Yokohama wohnten, sollte ich sie besuchen. Noch war ich klein, nicht größer als sie selbst; doch auch vor mir verneigten sie sich.
Aber nicht von ihnen, die im Lande der un-

tergehenden Sonne für immer seßhaft geworden sind, sondern von den beiden unvergleichlichen Männern will ich erzählen, die Vaters Freunde gewesen sind. Ob es sie noch gibt, solche nämlich, denen immer ein heiter stimmendes Wort einfällt, die immer ausgeschlafen sind und gut gefrühstückt haben, immer Zeit haben, auch für einen neugierigen Jungen, obgleich sie tätig sind und das Leben in vielerlei Gestalt auf sie wartet, ebenso auf sie, die Gesegneten des Jupiter, wartet, wie auf die andern, die selten lachen, weil das Leben ja so ernst ist, weil es soviel Arbeit, aber so wenig Zeit gibt? Sie haben vergessen, daß wir uns ‚Zeit nehmen' können wie aus einer Truhe, ein paar Hände voll davon auf die Seite bringen, aus dem unermeßlichen Zeitvorrat. Um ein Kind, eine Blume oder einen Hund deutlich anzusehen. Und das Nach-denken? Es gelingt doch nur, wenn Hände und Füße ruhen.

Als ich eines Tages beim Japan-Müller einen Auftrag des Vaters auszurichten hatte, bedankte er sich und nahm mich dann in seine Wohnung hinein. „Vielleicht sammelst du auch — ". Er hielt mir einen Bogen japanische Briefmarken hin. Ja, ich sammelte. Hatte Österreicher und Schweizer, alle in matten Farben, mit Ziffern oder Wappen. Jetzt sah ich die aufgehende Sonne und den Fujijama, ja, auch den Sohn des Himmels. „Wenn du sie noch nicht hast — " Nun hatte ich sie.

Im Tee-Haus gab es zwei Vitrinen mit schönen Tassen und Fächern, lackierten Tabletts und winzigen Puppen. Auch Bögen mit Briefmarken hingen da. Schon oft hatte ich sie sehnsüchtig betrachtet. Sie kosteten Geld. Jetzt brauchte ich nur Danke zu sagen.

So war es auch manchmal beim andern, dem richtigen Müller. Seine Mahlkästen bewegte er nicht mit Hilfe von Wind oder Wasser, sondern mit Strom aus unserer Zentrale. Auch er brauchte den Vater oft. Immer wieder fiel ihm etwas ein, das seiner Mühle von Nutzen sein konnte. Auch er war ein Menschenturm, einen Kopf größer als der Vater. Wenn er in Lachen ausbrach, war es, als bewegten sich die Wände. Er hatte seine Stimme dem Getöse der Mahlkästen angepaßt. Als die Meinen sich in Landeck niedergelassen hatten, als ich ein Jahr alt war, hatte er in China gegen die Boxer gekämpft. Er habe keinen Chinesen erschießen müssen, sagte er einmal. Wo er sich auch zeigte, wo er

sich zu voller Größe aufrichtete und das Gewehr hob, da rannten sie davon, die Boxer.
Auch zu ihm schickte mich manchmal der Vater mit einem zurechtgeschmiedeten Werkstück. Traf ich ihn nicht in der Mühle an, ging ich hinüber zur Wohnung. Dort öffnete mir seine kleine, mädchenhafte Frau und ließ mich niemals ohne ein Stück Kuchen fort. Manchmal, und darauf hoffte ich immer, sagte sie: „Da ist doch ein Brief aus Kiautschou gekommen. Warte mal!“ Sie schnitt die Marke aus dem Umschlag heraus. Hielt ich sie endlich in der Hand, dann bestand sie nicht mehr aus Papier, sondern war lebendig und konnte reden, war viele Wochen unterwegs gewesen, hatte das Chinesische und das Rote Meer durchschifft und würde heute endlich in meinem Album zur Ruhe kommen, dort, wo sich die Weltreisenden trafen, die aus Tsingtau und Neuguinea.
Der wahre Briefmarkensammler will den Stempel sehen. Er hat der Marke den Reisesegen gegeben. Ein nasser Finger oder eine Zungenspitze strich über ihren Rücken, dann trug der Briefschreiber oder sein dienstbarer Geist den Brief zur Post, in Sid-

ney, in Guadeloupe, in Kapstadt. Jetzt ist das kleine gezähnte Viereck angekommen, behaftet mit dem Duft der Ferne. So oft ich es betrachte, so oft bin ich glücklich. Erzähle jetzt, ich höre dir zu! Kiautschou, was mochte das heißen? Es klingt ungemütlich. Es lockt nicht wie Jamaika oder Pernambuco. Die Namen haben es ja in sich.

Der Große Meyer hatte mir schon manches beigebracht. Der Boxer-Aufstand, die Kopfjäger, die Pyramiden, über das alles wußten die dicken Bücher Bescheid. Auch über Mauritius. Da sollte es eine blaue Marke geben. Wer die hätte! Postfrisch, so werden sie heute ins Album getan. Keine Geschichtenerzähler, erzählt von einem schwarzen Schwan, sondern Handelsware.

Der Vater freute sich, wenn ich ihn um den Band *Luxor bis Paderborn* bat. In ihm war auch Mauritius vertreten. Paderborn, da klebten sie eine Fünfpfennigmarke auf die Postkarte!

Sie sind nicht oft in unser Haus gekommen, der Japan-Müller und der aus China. Der Vater ging zu ihnen. Im Teehaus setzte er die Laternen an die gehörige Stelle. In der Mühle tüftelte er mit Raupach, dem Müller, über Walzen und Getriebe. Er hätte den

Monteur hinschicken können, aber da wäre ihm und dem andern viel entgangen. Der Vater kannte viele Witze, die er aber nicht jedem erzählte, denn die meisten hatten einen Hintersinn, den nicht jeder begriff. Im Tee-Haus hielt er sich zurück. Dort wurde nicht gelacht, sondern nur gelächelt. Mann und Frau aus Japan legten die inneren Handflächen aneinander und ließen den Oberkörper sinken, bis er mit dem übrigen Leibe einen rechten Winkel bildete. Im Tee-Haus selbst sah alles aus, als hätte es noch niemand berührt. Um die inneren vier Teestuben, die der intimeren Geselligkeit vorbehalten waren, lief rundherum eine breite Veranda, die während des Sommers von Kurgästen bevölkert war. Müller hatte sich nicht verrechnet.

Hintersinnig, wie manche der Vatergeschichten, war der Bienen-Rösner, unser Nachbar und Vater des einzigen Freundes meiner Kindheit, des Florian. Er war Imker, verkaufte Honig zum gleichen Preis wie Butter, das Pfund zu einer Mark, war im Hauptberuf Kunsttischler, Mechaniker und Eulenspiegel in einer Person. Ein schmaler, behender Mann mit ungescheiteltem Lockenhaar und flinken Augen. Einer der leisen Menschen. Wenn er sich bückte, um etwas aufzuheben, wenn er irgendwohin griff, das war, als wenn ein Vogel vorüberfliegt. Er lachte nicht wie der Raupach-Müller, schallend, daß die Wände sich zu bewegen schienen, er lachte nur mit dem Gesicht.

Lange Zeit hatte er zugesehen, wie der Leuthenbach an seinem Hause vorüberfloß, mit starkem Gefälle. Eines Tages aber leitete er den halben Bach durch seinen Garten mitten ins Haus hinein und ließ ihn dort eine Turbine treiben, die wiederum alle Räder, Walzen und Sägeblätter in seiner Tischlerwerkstatt bewegte, auch eine Wäschemangel in Gang setzte, zu der wir alle paar Wochen unsere große Wäsche brachten.

Ein kleiner Weg: quer über die Jauernigker Allee und hinunter in die Leuthenbachsenke.

Die Freundschaft des Vaters mit dem Bienen-Rösner war anderer Art als die mit Tee-Haus und Mühle. Sie war beschaffen wie die zwischen Florian und mir. Einer hielt den andern wert, einer brauchte den andern. Bevor Rösner den halben Leuthenbach durch sein Haus laufen ließ, hatte er, von unserm Vater beraten, viel Millimeterpapier mit Zeichnungen und Ziffern bedeckt. Im Hof vor der Zentrale, wo auch die Kohlen lagen, stand eine Feldschmiede, wo ihm der Vater in seiner freien Zeit das Eisenzeug zurechthämmerte. Auch durfte der Nachbar die große Werkstatt neben den Dampfmaschinen benutzen. Dort gab es Schraubstock, Hobelbank und jegliches Werkzeug.

Das blieb nicht unbedankt. Rösner brachte unserm Vater das Imkern bei. Wie sich jener das fließende, das nichts kostende Wasser nutzbar gemacht hatte, so der Vater die Linden vor unserm Haus. Wenn sie blühten, waren sie von fremden Bienen umbraust. Jetzt, nachdem allmonatlich eine Imker-Zeitschrift ins Haus kam, nachdem der Vater mit eigner Hand und unter Anleitung des Nachbarn auf unserer Bleiche ein Bienenhaus gebaut hatte, füllten sich nicht bloß fremde, sondern auch unsere Waben mit Lindenhonig. Er hatte die Farbe des Bernsteins und schmeckte das ganze Jahr hindurch nach Sommer.

Auch von meiner Linde, die mich längst überwachsen hatte und anfing, ein runder Lindenbaum zu werden, wie die vorm Haus, auch von ihren Blüten werden ein paar Löffel voll dabeigewesen sein.

Es gab noch ein anderes Stück Lebensfreude, von dem beide Männer gleichmäßig zehrten, von dem auch für uns alle etwas abfiel. Sie genossen es immer nur wenige Wochen im Jahr und jeder in seinem Revier. Das waren die Pilze. Die wollen ja nicht bloß gefunden werden, sie wollen, daß der Finder sich freut, daß er sie dankbar begrüßt. Vor einem solchen verstecken sie sich nicht. Den andern bleiben sie unsichtbar.

Während Rösner, wenn die ersten Pfifferlinge aus dem Moos leuchteten, sich in die Wälder zu beiden Seiten der Schönauer Landstraße aufmachte, die bis zum Kamm des Reichensteiner Gebirges hinaufführt, besuchte der Vater, von mir begleitet, seine Karpensteiner Reviere und ein entlegenes Waldstück, das er als sein Eigentum betrachtete. Es hatte ihn erbittert, als wir einmal, noch im Aufsteigen, einem Fremden begegneten, der mit gefülltem Pilzsack von dort herunterkam.

Vor jedem Steinpilz blieb der Vater eine Weile stehen. Sah er nicht aus wie die in den Wäldern der Kindheit? Und zusammen mit dem Pilz, was mag ihn da angeschaut haben, nur ihn? Ich teilte seine Freude und seine Enttäuschungen. Oft kamen wir nur mit ein paar Birkenpilzen und Täublingen nach

Hause. Es war wie bei den Briefmarken. Ein Parasolpilz, eine wohlbeschaffene Rotkappe machten mich glücklich wie die Australier mit dem schwarzen Schwan.
Rösner, dem alles gelang, was er plante und anfaßte, hatte auch ein sicheres Gespür für Pilze. Einmal war er auf dem Rückweg von Schönau, wo er Pflaumen gekauft hatte, einem späten Steinpilz begegnet, der sich ihm in den Weg gestellt hatte. Wenn die Pflaumen reif werden, ist die Pilzzeit vorbei. Schon viele mußten an dem Prachtstück vorübergegangen sein. Rösner sah es. Er blieb stehen, äugte umher und sah in der Nachbarschaft des Patriarchen eine ganze Steinpilzfamilie, weiter drin im Wald noch andere, lauter gesunde Spätlinge ohne Wurm.
Er zog erst die Hose, dann auch die Unterhose aus; denn im Pflaumensack war kein Platz mehr. Als er daheim war, mußte Florian meinen Vater rufen. Der sah die Jahrhundert-Ernte, mit der sein Freund die Unterhose gefüllt hatte. Sah sie mit Staunen und Neid. Sollten wir nicht auch einmal dort drüben — . Nein. Der Schönauer Wald gehörte Rösner. Wir würden dort nichts finden.

Eines Nachmittags meldete sich beim Vater ein alter Mann, ein Bauer aus dem Bieletal. Er wollte die Dampfmaschinen sehen. Er hatte immer bloß mit seinen Händen und mit seinen Ochsen gearbeitet und die Ernte mit dem Dreschflegel ausgedroschen. Jetzt, so sagte er, möchte er wissen, wo das elektrische Licht herkomme. Seit dem letzten Sommer sei der Hof des Schwiegersohns an die Landecker Zentrale angeschlossen. Er hatte noch nie eine Dampfmaschine gesehen. Er wollte wissen, wie der elektrische Strom zustandekomme.
Das war ein Besucher nach dem Herzen des Vaters. Kein Vertreter, vor denen er oft die Flucht ergriff, kein Bittsteller, kein Beschwerdeführer. Er ging sofort mit dem Gast in die Maschinenhalle und sah, wie der alte Mann erschrak. Eben hatte Harbig eine Kesseltür aufgerissen. Im Schein der Glut war sein gemütliches Gesicht nicht zu erkennen. Er mag dem Bauer vorgekommen sein wie ein Gehilfe der Unterwelt. An Frage und Antwort war in dem finsteren Getöse nicht zu denken. Die Sprache der großen Maschinen ist anders als die der Menschen und Tiere. Der alte Hoose, so hieß der Besucher, hatte sie noch nie gehört. Der Vater führte

ihn an den haushohen Schwungrädern, an den sirrenden Dynamos vorbei zur Schaltwand und ließ ihn die Zeiger betrachten, die hin und her zuckten, führte ihn sogar in die Batterie.

„So wird es in der Hölle stinken“, hatte der Bauer gesagt. Danach hatte er sich bedankt und die Zentrale durch die Hoftür verlassen.

Harbig berichtete dem Vater, der Alte sei noch einmal zurückgekommen und habe zu ihm gesagt: „Das ist alles Satanswerk.“

Der Vater erzählte es uns nach dem Abendbrot und beschrieb das Gesicht des Bauern, wie es sich beim Anblick der Lokomobilen und ihrem Getöse, das sich ja wie ein Unwetter anhört, verändert habe. Zuletzt habe er ausgesehen wie ein kleiner Junge, der es mit der Angst bekommen hat. Der Vater lachte; aber dann sagte er: „Satanswerk hat er die Zentrale genannt. Was bin dann ich? Und warum hat er sich vom Mühlanhof in sein Ausgedinge eine Leitung legen lassen? Liest beim Satanslicht die Zeitung.“

Nicht die Zeitung las Hoose beim Satanslicht, sondern die Bibel. Das erfuhren wir später durch unsern Hausfreund Staude, der sich im Mühlanhof nicht bloß mit Brot

und Butter versorgte, sondern auch an den baptistischen Andachten teilnahm. Er selbst war kein Baptist, sondern ein freischweifender Geist, was die Kirche betraf.
Er war es auch, der eines Abends, als wir schon gegessen hatten und einem stillen Leseabend entgegensahen, an die Tür klopfte und seinen Freund Hoose mitgebracht hatte. Es war der Abend des Michaeltages.
Da standen sie nun in der offenen Tür, Staude im streng duftenden Havelock und ohne Hut, neben ihm, krumm und schmal, der Alte, dem der Vater das Satanswerk gezeigt hatte. Sie kamen von einer Baptistenversammlung in Rayersdorf, und Hoose, als er hörte, daß Staude noch bei uns Besuch machen wollte, hatte sich ihm angeschlossen. Er sei in der Zentrale schon bekannt.
Es hat einen Winter lang gedauert, bis auch wir mit ihm bekannt waren, diesem frommen und strengen Mann, einem Gottsucher, der zu den Nachfahren des schlesischen Schuhmachers Jakob Böhme gehörte. Philosophus Teutonicus haben die Geisteswissenschaftler den Böhme genannt.
Von Rayersdorf zu uns herauf, das war eine gute Stunde Fußmarsch. Die Schwestern nahmen Staude den Havelock, von dem wir

wußten, daß er seinem Besitzer auch als Bettdecke diente, und dem Bauern die wollene Haube ab, und trugen sie auf den Flur. Als wir endlich alle um den Tisch herum saßen, Hoose und Staude auf dem Sofa, war es eine ganze Weile still. Ich fürchtete mich vor dem Alten. Der Mutter und den Schwestern schien es ebenso zu gehen. Der Vater und Hoose schauten sich an. Ich sah sie blinzeln.

Staude ergriff endlich das Wort. Die beiden hatten unterwegs nach dem Halley'schen Kometen ausgeschaut. Bei klarem Himmel war er jetzt, zwischen Abend und Nacht, zu sehen. Der Himmel war nicht klar gewesen. Uns hatte der Vater um diese Stunde schon ein paarmal auf die ‚Schwarze Brücke' geführt, von der aus die Erscheinung am besten zu sehen war, geformt wie ein Ausrufezeichen, bestehend aus Millionen von Sternen, wie der Vater sagte. „Alle sechsundsiebzig Jahre", sagte er noch. Das stand auch im Großen Meyer. Hoose sagte jetzt: „Sie kündigen Unheil an, die Kometen — ".

Wie wir nun so um unsern Tisch herumsaßen, in der vertrauten Stube, da drüben der Ofen, über der Nähmaschine das gerahmte und kolorierte Bild unserer Mutter, als sie in ihrer Vaterstadt die Rolle der Preciosa gespielt hatte, die Mutter selbst den Gästen gegenüber, wie die Wanduhr über Vaters Kopf die achte Stunde schlug, sah uns der Bauer der Reihe nach an und sagte: „Weh, weh, du große Stadt, die bekleidet war mit feinem Leinen und Purpur und Scharlach und geschmückt war mit Gold und Edelsteinen und Perlen, denn in *einer* Stunde ist verwüstet solcher Reichtum! Und alle Schiffsherren und alle Steuerleute und die Seefahrer, die auf dem Meer arbeiten, standen fernab und schrien, als sie den Rauch von ihrem Brand sahen: Wer ist der großen Stadt gleich? Und sie warfen Staub auf ihre Häupter und schrien, weinten und klagten: Weh, weh, du große Stadt, von deren Überfluß reich geworden sind alle, die Schiffe auf dem Meer hatten; denn in *einer* Stunde ist sie verwüstet! — Offenbarung achtzehn, Vers sechzehn bis neunzehn."

Der Alte, bei gefalteten Händen, hatte leise gesprochen und allmählich den Blick gesenkt. Über uns, die wir noch niemals diese Worte gehört hatten, war eine Erstarrung gekommen.

Hoose ließ aber noch einmal seine hellen Augen rundum gehen, ließ sie lange auf Vaters

Gesicht verweilen, faltete wieder die Hände und sagte nach einer Weile: „Offenbarung acht, Vers zehn bis elf. — ‚Und es fiel ein großer Stern vom Himmel, der brannte wie eine Fackel und fiel auf den dritten Teil der Wasserströme und auf die Wasserquellen. Und der Name des Sterns heißt Wermut. Und der dritte Teil der Wasser wurde zu Wermut, und viele Menschen starben von den Wassern, weil sie bitter geworden waren.'"

Jener Abend und die Abende, die ihm folgten, an denen wir, angeleitet von Staude, die ganze Offenbarung lasen, auch ich, fast noch ein Kind, das alles ist lange her. Aber was heißt das schon: lange, wenn die Stunden, wenn die Bilder und Wörter sich eingebrannt haben ins Gedächtnis und erst mit uns zusammen auslöschen!

Die Furcht, die ich empfunden hatte, als der Alte unter uns saß, Wand an Wand mit dem Satanswerk, diese Furcht war gewachsen und hatte uns alle erfaßt, als es hieß: „denn in *einer* Stunde ist verwüstet solcher Reichtum!" Wer von uns ahnte, daß es schon nach einem Menschenalter viele Städte geben sollte, die ausgelöscht wurden wie Hiroshima. In *einer* Stunde verwüstet. Nicht

von Gottes, nicht von Satans Hand, sondern von Menschenhand.
Von Menschenhand?
Über uns, die wir traulich beieinander saßen in warmer Stube, stand der Komet, das himmlische Ausrufezeichen. Wo aber war Gott, der Schöpfer Himmels und der Erde? Wo unsere Schutzengel, von denen vorm Schlafengehen und im Kindergottesdienst die Rede war? Wie konnten die Himmlischen zulassen, daß das Wasser bitter wie Wermut wurde, die Städte in Rauch aufgingen und der vierte Teil der Menschheit durch Tiere, durch das Schwert und durch den Hunger starb? Denn auch das hatten wir anhören müssen, daß dem auf dem ‚fahlen Pferd', dem auf dem roten Pferd und den beiden andern Reitern Macht gegeben war, ‚den Frieden zu nehmen von der Erde, und daß sie sich untereinander erwürgten'.
Die Bibel, war das ihr letztes Wort?
Ihr letzter Satz, die Mutter las ihn uns noch vor, als die Gäste gegangen waren: „Die Gnade unseres Herrn Jesu Christi sei mit euch allen!" Was mochte zwischen diesem und den vorangehenden Sätzen geschehen?
Vielleicht haben die Gesichte der Offenba-

rung meiner Kindheit ein Ende gemacht. Zum erstenmal hatte der Boden unter mir geschwankt. So getrost, so gedankenlos lebte ich nicht mehr vor mich hin.
Staude verschaffte uns die Holzschnitte von Dürer. Wir sahen die vier Reiter, an ihrer rechten Flanke der Tod. Heute noch kann ich die Verse, die Hoose zitierte, nicht lesen, ohne den Alten zu sehen, ohne die veränderten Gesichter der Schwestern zu sehen. Auch unser Entsetzen spüre ich dann. Das Gedächtnis überliefert ja nicht bloß Bilder und Gedanken, sondern auch Gefühle und Zustände.
Es ist nicht bei der Furcht geblieben, die uns, nicht dem Vater, der prophetische Bauer einflößte. Staude sagte, Hoose könne fast die ganze Offenbarung und auch einige Paulus-Briefe auswendig hersagen.
Der Halley'sche Komet stand schon nicht mehr über uns, als Hoose eines Abends den ‚Schnepper' mitbrachte. Auf einer runden Scheibe, so groß wie ein Fünfmarkstück, saßen spitzige Nadeln. Am Stiel, mit dem die Scheibe beweglich verbunden war, befand sich eine Feder. Spannte man sie und ließ sie dann los, so sprangen die Nadeln nach vorn. Hatte man sie vorher auf die Haut gesetzt,

auf den Arm, den Rücken, das Genick, dann drangen die Nadeln ins Fleisch ein. Danach mußte die durchlöcherte Haut mit einem Elixier, das auch Bienengift enthielt, eingepinselt werden. Schon nach wenigen Stunden erhoben sich auf der geschnepperten Haut winzige Bläschen, die aber nach ein paar Tagen vertrockneten. Mit ihnen verschwanden auch Rheuma, Halsschmerzen oder Entzündungen. Offene Wunden schlossen sich.

Hoose heilte damit nicht bloß sich selbst, sondern auch die Familie Mühlan, etliche Nachbarn und selbst das Vieh. Fortan wurde auch bei uns geschneppert. Ich verdanke dem Elixier, daß sich endlich eine eiternde Wunde schloß, die lange nicht heilen wollte.

Fast ein Jahr hatte vergehen müssen, ehe wir Kinder die Befangenheit ablegten, die wir vor diesem alten Mann empfunden hatten, wenn uns seine hellen Augen streiften. Daß ich das letzte Buch der Bibel ebenso gut kenne, wie das erste, ist sein Verdienst.

Die Hobelbank

Ehe wir die Windmühle in Angriff nahmen, hatten wir schon eine Seilbahn gebaut, danach ein Sägewerk und ein Handelsschiff. Durch die Herstellung des Sägewerks, zu dem der Drechsler Menzel, unser Sonntagsgast, die Transmissionsräder und Florians Vater ein paar schneeweiße Leisten geliefert hatten, waren unsere Barmittel auf ein paar Pfennige zusammengeschmolzen. Der Herbst stand vor der Tür und mit ihm der Jahrmarkt. Der konnte mit leerem Beutel nicht überstanden werden. Wir gingen mit einem Sack auf die Marienhöhe, sammelten Eicheln und verkauften sie an den Teuber-Bauer, fünf Pfennig das Pfund. Er mästete Schweine.

Was den Florian und mich zu guten Freunden machte, war die Lust am Tüfteln und Werkeln. Alles, was aus unsern Händen hervorging, konnte sich bewegen. So war es ja auch mit unsern Vätern. Jeden Nachmittag um die gleiche Stunde ließ Harbig die Maschinen an. Selten versäumten wir diesen großen Augenblick. In den voraufgehenden Stunden hat-

ten wir in der Werkstatt neben den Dynamos gearbeitet. Da gab es zwei Hobelbänke, zwei Schraubstöcke, Sägen, Zangen, Schraubenzieher, Schrauben und Nägel.
Im Holz wohnt die Ruhe. Darum kann man aus ihm leichter Tisch und Stuhl gewinnen als ein Rad. Das Rad ist die Figur gewordene Unruhe der Welt, verwandt mit der Kugel. Beider Lust am Rollen und Drehen hat weder Anfang noch Ende. Die Windmühle, wie wir sie uns vorstellten, konnte also nicht nur aus Holz bestehen. Wir mußten Weißblech anschaffen, dünne Stäbe aus Eisen und zwei Kugellager. Mit einer Mark und einer halben wollten wir in das technische Zeitalter eintreten.
Wir weihten den Vater ein. Der vom Wind und einer kleinen Dynamomaschine erzeugte Strom sollte in eine Taschenlampenbirne geleitet werden.
„Aha", sagte der Vater. „Ihr wollt die Zentrale nachmachen. Ich werde nachdenken."
Als der Jahrmarkt vorüber war und Weihnachten näher rückte, gaben wir unsern Plan auf und machten uns an die Weihnachtsgeschenke für Vater und Mutter. Auch die Schwestern mußten bedacht werden.

Und schon war das Fest da. Im Jahr zuvor hatte unter dem Christbaum ein Grammophon gestanden. Jetzt entdeckte ich zwischen zwei Büchern einen kleinen Elektromotor. Daneben lag ein Zettel mit der Nachricht, daß unten, nämlich im Montageraum, zwischen Vaters Büro und der Maschinenhalle, ein Besucher auf mich warte. Nach den Liedern, nach Danksagung und Umarmungen, gingen wir alle hinunter zu dem Gast. Zu der Hobelbank. Verglichen mit den Veteranen in der Werkstatt hinter den Maschinen, war sie ein Jüngling, fast noch ein Kind. Ohne Fleck und Schramme, aus hellem Holz und mit allem versehen, was zu ihr gehört, stand sie vor mir. Hatte mich erwartet.

„Zieh' die Schublade auf!"

Da lagen in der einen Abteilung zwei Hobel, in der andern ein Stemmeisen, Bohrer und Schraubenzieher, Hammer und Schmirgelpapier. Neben allem ein dicker Zimmermannsbleistift. Das alles sollte mir gehören. Ich war wie berauscht. Ich brachte kein Wort hervor. Als ich den Vater anblickte, schaute er weg. Er wußte, wie nahe ich am Heulen war.

Nach den Ferien nahmen wir die Arbeit an

dem großen Werk wieder auf. Die Hobelbank war eine Verpflichtung. In jenen drei Monaten zwischen Weihnachten und Ostern wurde ich ein schlechter Schüler und mußte im Sommer Nachhilfestunden in Latein nehmen. Aber: erst damals habe ich gesehen und gehört, was der Vater für ein Mann war. Noch ein Aber: einen Gedanken, einen Plan in die Wirklichkeit umsetzen, mit eignen Händen, Tag und Nacht daran denken, Falsches als falsch erkennen und berichtigen, nicht den Mut verlieren, durchhalten, — ist das nicht viel mehr als Vokabeln lernen und alle Perserkriege?

Der Vater und ich, wir waren Nachbarn geworden. Ging er vom Büro in den Maschinenraum, blieb er oft bei uns stehen, fragte und ließ sich fragen. Nicht wie die Lehrer in der Schule sprach er mit uns, auch nicht väterlich, sondern von gleich zu gleich. Wir nahmen es hin, als müßte es so sein. Auch Florians Vater schien nicht älter zu sein als wir, wenn wir uns in seiner Tischlerei nach Abfällen umsahen.

An der Wand neben der Bürotür hingen die Meßgeräte zur Prüfung der elektrischen Zähler. Das waren damals sehr große, kreisrunde Apparate, schwer wie Steine. Sie

zeichneten den Stromverbrauch auf und mußten jedes Jahr aus den Haushalten geholt und geprüft werden. Sie gingen meistens nach, das heißt, sie zeigten nicht den vollen Verbrauch an. Das lag, so hieß es, am Schwefelgehalt der Landecker Luft. Den Schaden hatte die Stadtkasse; denn die Stromrechnungen, die Tschöp ausschrieb, fielen oft zugunsten der Verbraucher aus.
Der Vater öffnete die Zähler und ließ uns ins Eingeweide sehen. Im Vergleich mit ihm war der Wecker, den ich oft auseinandernahm und wieder zusammensetzte, ein ganz einfaches Gemächte. Die Lupe vorm Auge, holte der Vater mit einer Pinzette winzige Federn, winzige Schrauben und Drähte aus dem Innern. Danach sahen wir ihn rechnen, sahen ihn Glühbirnen verschiedener Stärke anschließen. Abermals rechnete er, suchte das Werkzeug, mit dem er die Rückwand des Zählers erreichte, setzte endlich die kupferne Haube mit dem Glasfenster über das elektrische Gehirn. Wir hatten einer Operation beigewohnt.
Es war eine gute Zeit. Wenn Menschen eine Aufgabe haben, gefordert oder freiwillig, dann herrscht Friede. Ohne ihn kann nichts gelingen. Blieb der Vater an unserer Hobel-

bank stehen, sagte er niemals: falsch! Niemals nahm er uns etwas aus der Hand. Auf ein Stück Papier zeichnete er auf, wie etwas beschaffen sein sollte. Einmal sagte er: „Ich habe mir auch was vorgenommen." Wir wollten es wissen, aber er schüttelte den Kopf. „Es wird lange dauern."

Als das Mühlenhaus fertig war und die vier Flügel auf der eisernen Welle saßen, kamen wir nicht mehr weiter. Die Transmission, die von der oberen Welle, die der Wind bewegte, zur unteren führte, die ihre Drehung an den Dynamo weitergab, reichte nicht aus, um Strom zu erzeugen. Beschleunigung war nötig. Wir quälten uns lange und wollten schon aufgeben, da stand der Vater da und zeichnete zwei Scheiben auf, eine große, darunter eine kleine. Dann sagte er: „Wenn man die beiden verbindet, dann dreht sich das untere Rad zweimal oder dreimal so schnell wie das obere."

Das begriffen wir. Er ließ uns allein. Menzel drehte beide Scheiben und versah sie mit der angerauhten Rille für die Transmission. Für sie drehten wir ein paar Zwirnsfäden zu einer haltbaren Kordel zusammen.

Endlich gingen wir hinaus auf unsere Bleichwiese und hielten die Maschine in den

Wind. Er war schwach, und Florian half mit der Hand nach. So einen Wind sollten wir haben! Die Glühbirne hatten wir auf dem Mühlendach montiert.
„Sie glüht!“ sagte Florian, und ließ die Flügel kreisen. „Ja, sie glüht ein bißchen!“ Sie gehörte in eine Taschenlampe und gab sich mit Schwachstrom zufrieden.
Wir sahen uns an. Wir hatten Vaters Zentrale nachgemacht. Dort drüben brauchten sie Kohle, damit es hell wurde. Uns diente der Wind. Der nahm kein Geld dafür.
Auf Mutters Bleiche schlug der Vater einen Pfahl ein. Wir setzten unsere Zentrale darauf und befestigten sie. Dann warteten wir auf den Wind. Er war eingeschlafen, und der Tag ging ohne ihn zu Ende.
In der Nacht wachte ich auf und hörte es rauschen. Das ist die Biele, dachte ich. Seit Tagen führte sie Schmelzwasser. Das Rauschen hielt an. Es verging, es kam wieder. Es war der Nachtwind. Barfuß schlich ich mich ans Flurfenster, von dem ich auf die Wiese schauen konnte. Die Mühle lief. Der Wind kam in Stößen. So oft er sich verstärkte, wurde es überm Mühlendach hell. Ein schwankender, ein wunderbarer Schein.
Sollte ich den Vater wecken? So bescheiden

das Glimmen dort unten, es gehörte doch auch ihm. In dieser großen Erfüllung war auch sein Nachdenken enthalten. Auch das von Florian. Sollte ich ihn nicht doch wekken? Ich wagte es nicht. Den ganzen Tag hatte er über der großen Zentrale gewacht.
Und hatte er sich nicht auch etwas vorgenommen? An meinem dreizehnten Geburtstag, nachdem ich meiner Linde gratuliert und ihre Blüten berochen hatte, es war ja hoher Sommer, lag zwischen den Geschenken ein Vorhängeschloß. Die Oberseite hatte fünf runde, erbsengroße Öffnungen. Über jeder befand sich ein Knopf. Ich nahm das blanke Ding in die Hand und wollte es aufschließen, aber es gab weder Schlüsselloch noch Schlüssel.
„Ein Vexierschloß", sagte der Vater.
Er nahm es mir aus der Hand und schob einen der Knöpfe nach oben. Da tauchten in dem linken Fenster Buchstaben auf und gingen wieder unter. So auch bei den andern Knöpfen.
„Wer das Wort weiß, das Schlüsselwort, und die Knöpfe so stellt, daß dieses Wort zu lesen ist, es ist ein Fünf-Buchstaben-Wort, dann geht das Schloß auf. Ohne Schlüssel."
Und das Wort? Wir alle schauten den Vater

an. Er strich an seinem Bart herum. Er sah die Mutter an. „Sollte ich es vergessen haben? Seit Weihnachten habe ich mich damit gequält. Vexieren, das heißt nämlich plagen und quälen. Und jetzt — ."

Wir glaubten ihm nicht. Wir sahen ihn mit Sorgenblick die Knöpfchen hin und her schieben. Endlich gab er mir das Schloß. „Lies!" Ich las: *Sesam*. Ich zog am Bügel, und er kam heraus.

„Vielleicht hast du mal was Besonderes zu verschließen. Sesam, das ist eine Pflanze. Bei den Arabern heißt sie Simsim. Das sind aber sechs Buchstaben. Soviel Platz hatte ich nicht."

Auf der Johannesbrücke

Wenn der Tag sich neigte, im Winter während der Kaffeestunde, im Sommer nach dem Abendbrot, ging einer der Maschinisten einschalten. Wo sich die Straße teilt, die vom Badeviertel zur Stadt führt, auf dem linken Biele-Ufer, stand ein Mast, der im unteren Teil von einem verschließbaren Gehäuse umkleidet war. In ihm befand sich der Schalter, nicht mit zwei Fingern zu bedienen wie der in der Stube, sondern ein Hebel. Wurde er nach oben bewegt und zwischen die beiden Metallzungen gedrückt, gab es einen Funken und einen seltsam schmatzenden Ton.

Danach flammten sie auf, erst die bescheidenen Hängelampen über den Straßen, dann die beiden Bogenlampen, die den Markt hell machten. In den Bogenlampen befanden sich keine Drähte, sondern zwei Kohlenstifte mit einer ‚Seele' in ihrem Innern. Sobald der Strom sie erreichte, fingen sie an zu glühen, und dann stand zwischen den beiden der Feuerbogen. Wie ein Gestirn leuchtete er über dem Marktplatz, in seiner Mitte das Rathaus und die Dreifaltigkeitssäule, ließ auch ein schwaches Licht in die Laubengänge fallen, bis in die Stunde vor Mitternacht. Dann, wenn in der Zentrale die Lokomobilen aufhörten, sich zu drehen, zog Harbig oder der Monteur Pohl den Hebel aus der Zwinge, und der Nachtwächter machte sich auf den Weg.

Ich bin oft dabei gewesen, wenn der Hebel nach oben bewegt wurde; denn es war wie eine Wiederholung des ersten Schöpfungsaktes: Es werde Licht, und es ward Licht.

Im Sommer, wenn die Linden blühten, ging der Vater manchmal selbst zum Einschalten. Alle Arbeit war getan. Überm Heidelberg stiegen die ersten Sterne herauf. Hinterm Hutberg mit seinem Schopf aus altem Wald war der Himmel noch hell. Ich hielt mich bereit, den Vater zu begleiten. War er beim Abendbrot schweigsam gewesen, wollte er allein sein. Hatte die Mutter etwas Gutes aufgetischt, zündete er sich nach dem Essen eine Zigarre an und sagte: „Gehen wir!“

Wir, der Vater und ich, ließen die Schwarze Brücke links liegen und blieben bis zur nächsten, der des heiligen Nepomuk, auf dem rechten Ufer. Hatten wir den Leuthenbach überschritten, an dem mein Geigenlehrer wohnte, sahen wir oft noch den Stellmacher Mann bei der Arbeit. Er hatte weder Lehrbuben noch Gesellen, denn er war ein strenger Mann. Sah er uns kommen, legte er alles nieder, was er unter der Hand hatte, und verbeugte sich. Der Vater zog den Hut.

Nun kam die Schmiede. Auch hier noch kein Feierabend. An einem Amboß, einem glühenden Stück Eisen, konnte der Vater nicht vorbeigehen. Erst wenn er vom alten Michalke gehört hatte, was aus dem Eisen werden sollte, gingen wir weiter.

Linker Hand jetzt das Wehr. Die Biele stürzte sich hier in ein tieferes Bett. So leise sie die lange Wanderung von den Saalwiesen im Bielengebirge bis an dieses Wehr hinter sich gebracht hatte, so geschwätzig wurde sie nun. Unsere Sprache hat wunderbare Wörter für die Stimme des Wassers. Die Biele, zwischen dem Wehr und der Johannesbrücke, unter sich und zu beiden Seiten den zerklüfteten Fels, das Urgestein, Untiefen und Spalten und hohe Stufen, holte alles Ungesagte nach. Neben ihr herzugehen, ihr zuzuhören, die Forellen springen zu sehen, das war eine Lust. Auf diesem Stück Weg, der Fortsetzung unserer Lindenstraße, lernte jeder das Schweigen. Der Fluß ließ niemanden zu Worte kommen.

Jetzt standen wir vor dem Mast. Der Vater schloß das Gehäuse auf und sagte, als sei das nicht das erste Mal: „Schalte ein!“

Wir sahen uns an. Ich packte den Hebelgriff und drückte ihn hinauf. In den Straßen und bald auch überm Markt wurde es hell.

„Ja, er geht schwer“, sagte der Vater und meinte den Hebel. „Das muß sein. Erzähle es nicht der Mutter!“

Was alles habe ich seither ein- und ausgeschaltet. Ich weiß es nicht mehr. Wie oft auch ist es in mir selber dunkel und danach wieder hell geworden, wenn andere ihre Hand im Spiele hatten. Auch daran kann ich mich nur mühsam erinnern. Die beiden Vaterworte: „Schalte ein!“ höre ich heute noch.

Auf dem Heimweg, über dem Mittelpfeiler der Johannesbrücke, blieb der Vater stehen und blickte lange zum Nepomuk hinauf. Dann lehnten wir uns über die Mauer und schauten hinunter aufs schäumende Wasser.

„Weißt du, wie alt sie ist?“ „Nein.“ „Dreihundert Jahre und ein halbes Jahrhundert dazu. Nicht so alt wie die Kohle. Und drei-

ßigmal so alt wie du. – Was lernt ihr eigentlich in der Schule?"
Das hatte er schon einmal gefragt.
Was lernten wir? Wir lernten, was er nicht gelernt hatte, und doch wußte er mehr als wir.
„Und wieviel Menschen mögen schon über diese Katzenköpfe gegangen sein. Haben ihn nicht mal angesehen, den Heiligen."
Er zeigte hinauf zum Sternenkranz überm Haupt des Nepomuk, des Märtyrers. „Hast du sie schon mal gezählt?" Er meinte die Sterne. Es waren fünf, soviel wie die Finger an der Hand.
„Was willst du eigentlich werden?"
Wen diese Frage zum erstenmal trifft, den Zwölf- oder Dreizehnjährigen, der wird lange nachdenken, ehe er Antwort gibt.
Was ich werden wollte? War ich nicht schon etwas? Nein, ich war nur ein Sohn. Um wenigstens in der Schule etwas zu sein, mußte ich in diesem Sommer Nachhilfestunden bekommen. Ich wollte Wasserräder und Windmühlen bauen.
„So was wie du", sagte ich endlich.
„Das wird die Mutter nicht gerne hören. Du sollst ein Kirchenmann werden. Vielleicht ein Missionar."

Nicht die Mutter, ich selber hatte das einmal gesagt. Schuld daran war die Weltkarte. Auf Samoa und im afrikanischen Urwald, unter den wilden Heiden gedachte ich einmal zu leben.

„So was wie ich solltest du nicht werden. Einschalten, das ist leicht. Aber dann, wenn was läuft –. Dort drüben", er zeigte auf die Bauernhöfe und das Wiesenland dahinter, „dort drüben leben sie von der Erde. Wer von der Erde lebt, muß geduldig sein. Er muß sich oft bücken. Ich glaube, so wird es auch bei den Wilden sein. Überall wird es so sein. Nein, nicht überall. – Die andern," er zeigte zur Stadt hinüber, die wir eben hell gemacht hatten, „die leben von ihrem Kopf. Und von dem, was sich in der Kasse ansammelt. Verkaufen, was sie selber gekauft haben. Nicht wie der Stellmacher Mann. Der macht gute Wagenräder. Ohne Räder kein Wagen. Ohne Wagen –, du bist ja selber ein Rädernarr. Hast keine Geduld. Bist unruhig. – Ich bin es auch gewesen. – Der Florian, das hat mir der Rösner gesagt, will Tischler werden. Das ist ein geduldiger Beruf. Und menschenfreundlich. Was machten wir ohne Tisch und Stuhl!"

Es hat sich nach jenem Abend tief ins Gedächtnis zurückgezogen, jenes Gespräch auf der Brücke. Ist erst aufgewacht, als mir ein Freund von der Reise in die alte Heimat das Bild des frommen Nepomuk mitbrachte. Da stand er noch einmal vor mir, von den fünf Sternen beglänzt, im Arm den Gekreuzigten. Ich saß nicht mehr in meiner Stube und sah neben dem Nepomuk den Vater, hörte ihn fragen: „Was willst du werden?“ Fragte er mich noch einmal, heute, da zum andern Mal der Komet über uns steht, ich könnte nichts anderes sagen als damals: „So was wie du“ – und meine jetzt einen Menschen wie er, leise und geduldig.

Die runden Lindenbäume

Gestern bin ich heimgekommen. Vor mir liegen die Großen Ferien, hinter mir die ersten Monate in der Fremde, in der Stadt auf der andern Seite unsrer Berge. Ich bin ein Externer, der Jüngste von den sechs Kostgängern der Mutter Liebig, Fuchs geheißen, obwohl mein Name anders lautet.

Ich bin daheim. Das süße, trauliche Wort begreifen wir erst, wenn wir nicht mehr daheim sind. In ihm leben nicht bloß alle Gesichter, die uns vertraut sind, die wir liebhaben. Haus und Garten, das Licht, die Luft, die gehören dazu. Auch die Stube, die uns allein gehört, darin das Bett, in dem wir eine Kindheit lang die Nächte verbrachten, über ihm das Bild des Schutzengels.

Ist nicht alles kleiner geworden? Der Bahnhof, der Marktplatz mit den Katzenköpfen, die Läden mit ihren bescheidenen Schaufenstern. Sogar unsere Lindenstraße hat sich schmal gemacht. Nicht so die Linden. Sie blühen.

Vorhin stand ich mit dem Vater am Zaun, der unsern Garten von der Straße trennt. Mit

einer Stange, an der oben eine Baumschere sitzt, holte er die Zweige herunter, die über unsern Garten hinausgewachsen sind. Sie fielen in die Stachelbeersträucher. Ich trug sie in die Laube. Dort wollen wir sie nach dem Abendbrot abzupfen.
Ich bin daheim. Es ist Samstag. Die Schwestern machen sich schön. Sie werden heute abend im Kursaal tanzen. Lene, die beim Lehrer Schubert Klavierstunden nimmt, hat mir anvertraut, daß Schubert ein Auge auf Maria geworfen hat. Die Mutter ist beim Bildschnitzer Thamm. Sie bestellt bei ihm einen Schrank, in dem die Wäsche-Aussteuer der Mädchen verwahrt werden soll. In die Tür muß Thamm eine Waldlandschaft schnitzen, belebt von Hirschen und Rehen.
Die Mutter, die Schwestern, ihre Welt wird nicht enger. Sie weitet sich. Über das Klöppelkissen, über die Brandmalerei und all den andern Firlefanz sind sie hinausgewachsen. Lene ist im Mai zwanzig geworden. Auf Maria, die längst heiratsfähig ist, hat Schubert ein Auge geworfen, der strenge Lehrer Schubert, der mich, damals, oft an den Ohren genommen hat.
„Genug", sagt der Vater und legt die Stange

nieder. Gleich sucht er sich eine andere Arbeit. Er faßt den Weg, der den Garten teilt, mit roten Ziegeln ein. Ich setze mich vor die Laube und schaue ihm zu. Ehe er den neuen Ziegel einsetzt, scharrt er mit der bloßen Hand die Erde heraus, legt flache Steine unter, damit sich die Fugen schließen, drückt von beiden Seiten die Erde an.

Vaters Hände. Auf einmal reden sie. Sie erzählen mir, was alles durch sie Gestalt geworden ist. Die Laube, vor der ich sitze, die Schaukel und das Turngerüst, das Bienenhaus mit allen Bienenwohnungen, allen Rähmchen, in denen die vollen Waben hängen. Das Vexierschloß. „Sesam, öffne dich", so steht es in einem morgenländischen Märchen.

Mit diesen Händen hat mich der Vater, als ich voriges Jahr das Bein brach, an jedem schönen Tag in den Garten getragen. Wie nah war ich ihm da. Und als der Schwindel mich ergriff, oben im Kranz des Schornsteins, haben sie mich auf die Erde zurückgeholt.

Was mir die Hände erzählen, ich erzähle es allen wieder, die in Liebe an ihren Vater denken. „Die Sachen nehmen es übel, wenn man sie schlecht behandelt." Das sagte er zu mir, als die Schuhe, die ich geputzt hatte, nicht in guter Ordnung nebeneinander standen. Waren sie denn belebt, die Sachen? Der Vater schien es zu glauben. Ich selber, nach soviel Jahren, nach jenem Vaterwort, gehe mit manchem, was in den Regalen steht, mit einer Figur von der Insel Bali, ein paar Scherben aus dem Altertum, so um, als hätten sie eine Seele.

Auf der andern Seite des Gartenzauns höre ich jetzt Harbigs Besen, den ich durch alle Kinderjahre an jedem Samstagnachmittag hinterm Zaun gehört habe. Harbig kehrt den Weg vom Gartentor bis zur Zentrale. Als ich mich gestern bei ihm zurückmeldete, brauchte er sich nicht mehr zu bücken. Wir sind jetzt gleich groß. In der Zentrale müßten nun die Räder laufen; aber es ist still dort drüben. Die Lokomobilen sind in den Ruhestand getreten, denn hinter ihnen, in der erweiterten Halle, dreht sich geräuschlos, weil von unten her angetrieben, eine neue, große Lichtmaschine. Die beiden Riesen aus Magdeburg werden aber immer noch geschmiert und geölt. Ihr Gnadenbrot. Auch könnte es sein, daß sie einmal aushelfen müssen.

Ich bin daheim. Ich habe eine Stube. Ich muß den Platz darin nicht mit andern teilen. Das ist wie Himmelreich. Der Vater faßt jetzt schon die andere Wegseite ein. Sie begrenzt seine Gartenhälfte. Da wachsen die Kartoffeln, die Schwarzwurzeln und Radieschen. Und die Kohlrabi: Es wird dort nicht mit der Kanne gegossen, sondern mit dem Schlauch gespritzt.

Die andere Hälfte gehört der Mutter. Da liegen die Erdbeerbeete. Hinterm Buchsbaum wachsen Lilien, Rittersporn und Löwenmäulchen. Damit das alles nicht erschrickt, wird es mit der Kanne gegossen, mit stillem Wasser aus der Tonne.

Wir haben Abendbrot gegessen. Die Zeit zwischen Abschied und Wiederkehr, zwischen Frühling und Sommer, ist aufgehoben. Die Schwestern sind im Kursaal. Sie sehen schön aus. Sie können tanzen. Können sich Kleider machen, können kochen. Das alles kann ich nicht. Ich sitze wie am Nachmittag vor der Laube. Vater und Mutter sind bei mir. Wir zupfen Lindenblüten. Jeden Abend, das ganze Jahr hindurch, trinken wir Lindenblütentee, manchmal vermischt mit Erdbeerblättern oder Schafgarbe. Wir haben nichts dafür bezahlt. Wer von uns kann sich mit der Erde vergleichen?

Jetzt hören wir den Florian. Er sitzt im Rös-

nergarten bei den Bienenhäusern und spielt auf der Flöte. Seit vorigem Jahr ist er in der Tischlerlehre, nicht beim eignen Vater. Er könnte mein Bruder sein, ein Sohn unsres Vaters. Er ist besonnen und still. Seine Hände greifen immer an die richtige Stelle. Er ist aus der Rösner-Art gefallen, ist anders als sein richtiger Vater, der umgetriebene, schnelle Bienen-Rösner. Ich habe den Florian schon gestern besucht und seine Flöte betrachtet. Bis zu unserm Abschied vergangene Ostern hatte es in unser beider Leben nur die Musik gegeben, die uns manchmal trennte. Jetzt gehört er ganz mir.
Wir können ihn gut hören. Der Mühlengrund ist nahe. Die Mutter legt auf einmal die Hände in den Schoß. Die alten Lieder. Die goldne Abendsonne. Seit Jahr und Tag steht der Kasten mit ihrer Zither auf dem Kleiderschrank. Sie will ihn nicht mehr herunternehmen. Die Finger, sagt sie, die sind hart geworden.
Als meine gute Zeit zu Ende ging und ich den Koffer packte, war für uns alle schon eine andere Zeit angebrochen. Es war Krieg. Der Halley'sche Komet, ein himmlisches Signal, hatte ihn vor Jahr und Tag angekündigt.

Nachwort des Verfassers

Kommt mir eine Weltkarte vor Augen, in Flughäfen und Reisebüros, und wenn ich den alten Schulatlas aufschlage, dann steht der Vater neben mir. Er war es, der mir, vor mehr als siebzig Jahren, zum erstenmal das Bild der ganzen bewohnten und unbewohnten Erde, ihrer Länder und Meere, gezeigt hat. Er weckte damals die Unruhe in mir, jene fast schmerzhafte Sehnsucht, die wir Fernweh nennen. Sie hat mich lange umgetrieben, und ich weiß endlich, wie groß und wunderbar unsere Erde ist, immer noch.

Kaum setzte ich mich hin, um einmal aufzuschreiben, was in jener Stunde vor sich ging, da kamen sie aus den Schlupfwinkeln des Gedächtnisses hervor, die anderen großen Stunden mit dem Vater, im Elternhaus unter den Linden, angelehnt an die ‚Zentrale', die unsere kleine Stadt mit Licht versorgte. Sie ließen mir keine Ruhe, ehe ich sie nicht angehört und alles wiedererzählt hatte.

Sollte es nun auch Ihnen, verehrte Leserin und lieber Leser, so ergehen, und wäre auch in Ihnen, während Sie mir zuhörten, die Kinderzeit mit allem, was Sie schon verloren glaubten, wieder aufgewacht und ins Licht heraufgestiegen, dann hätten Sie Ihre Zeit nicht ohne Gewinn an dieses kleine Buch gewendet. Das würde mich freuen.

Richard Wolf

Richard Wolf

Unterwegs in der Bibel

240 Seiten. Großdruck. Gebunden.

Vom gleichen Verfasser erschien im Bahn-Verlag „Unterwegs in der Bibel". Im Vorspruch sagt Richard Wolf: „Da, wo ich vor 78 Jahren zur Welt kam, im Schlesien des Jakob Böhme und des Joseph von Eichendorff, war die Bibel kein Sonntags-Buch. Manchen Abend kamen die Nachbarn, darunter auch ein Bauer, ein Baptist, in unsere Stube und beredeten die alten Geschichten. Nicht alle seien alte Geschichten, hieß es, sondern solche von gestern und heute. Auch von morgen, wie die Offenbarung. Ich war ein Kind, saß dabei. Nicht wenig von jenen Gesprächen ist in mir hängengeblieben!" Und so meint der Verfasser von „Unterwegs in der Bibel": Die Bibel darf nicht bloß ein Sonntags-, ein Feiertags-Buch sein. In über hundert Schriftstellen weist er die Aktualität des Alten und Neuen Testamentes nach. Eine große Zahl von Lesern und Leserinnen, denen der Alltag keine Zeit zur Besinnung, erst recht nicht zu systematischer Bibellektüre läßt, hat den Autor wissen lassen, daß „Unterwegs in der Bibel" seinen Platz auf ihrem Nachttisch hat und jede Seite sie zurückführt in die Stille, in die Besinnung auf unser Wo und Wohin.

Friedrich Bahn Verlag · 7750 Konstanz

Königswalde
NEURODE
Mittelsteine
KUDOWA
Schwedeldorf
Rückers
REINERZ
Hummelstadt
ALTHEIDE